Blankenese
Über uns der Himmel
Unter uns die Elbe

Blankenese

Über uns der Himmel
Unter uns die Elbe

Anna Brenken / Urs Kluyver

Ellert & Richter Verlag

Inhalt

6 Treppenviertel am großen Strom

24 Das glückliche Ufer

46 Rund um den Süllberg

62 Blankeneses Anfänge und seine Besonderheiten

94 Landvillen und Parks

112 Der Kleinkosmos Mühlenberg

124 Rummelpott, Kreeks und Osterfeuer

134 Ein Refugium für Künstler

146 Chronik

158 Karte

160 Impressum/Bildnachweis/Weiterführende Literatur

Treppenviertel am großen Strom

Wo norddeutsches Tiefland und neapolitanische Hügel sich die Hand reichen. Wo die Eiszeit einen steilen Geestrücken zusammenschob. Wo bei Hamburg die rote Sonne in der Elbe versinkt. Blankenese. Ein Nest der Wohnträume und Bausünden. Eine Wiege für Seifenopern und Fernweh. Eine mit Häusern besetzte Muschel am großen Strom. Ein Ort, wo sich ozeanische Weite und kleines Gartenglück verschwistert haben. Wo es nach Meer und Fisch riecht, nach Rosen und reifen Äpfeln. Und manchmal nach den Ozeanriesen, den Containergebirgen, die mit dieselgetränkter Rauchfahne an den Fenstern vorbeigleiten und die Türen der alten Fischerhäuser am Hang zum Vibrieren bringen.

Fremde zählen die vielen Stufen, die im Blankeneser Treppenviertel zum Strand führen. Zum Beispiel die Strandtreppe: 160, 161, 162, 163. Und sie malen sich aus, was es heißt, hier zu wohnen, Bierkästen zu schleppen, mit einem Kinderwagen den Hang hinaufzugelangen. Und das alles auf dem rutschigen alten Kopfsteinpflaster. Stellt euch nur vor: bei Glatteis! Der arme Postbote!

Die Menschen, die im Treppenviertel wohnen, zählen keine Stufen. Sie gehen sie. Die Alten gemächlich Schritt für Schritt, denn das ist tägliche Übung. Die Jungen springen, nehmen zwei Stufen auf einmal und wissen gar nicht, wovon die Fremden reden. Und der Postbote ist nicht nur ein Engel, er heißt auch so und beliefert den Hang seit vielen Jahren mit guten und schlechten Nachrichten.

„Da nicht für“, sagen die Blankeneser, wenn man sich bei ihnen bedankt. Das klingt etwas zugeknöpft, ist aber freundlich gemeint. Und so sind sie denn auch: höflich, distanziert und, wenn es sein muss, hilfsbereit. Falls es den typischen Blankeneser überhaupt gibt. Die Reihen

Folgende Doppelseite: Die Elbe hat tausend Stimmungen und noch viel mehr. Vor Blankenese ist dieser große Strom oft von ozeanischer Schönheit. Und es braucht nicht viel Fantasie, sich von großen Schiffen in Gedanken auf die sieben Weltmeere hinaustragen zu lassen.

Der letzte Kolonialwarenladen im Treppenviertel befindet sich an der Hans-Lange-Straße.

Der Platz an der Sonne beim „Treppenkraemer“ in der Hans-Lange-Straße ist klein, aber gemütlich. Die Häuser im Treppenviertel stehen dicht bei dicht.

Baurs Weg (rechts) beginnt oben an der Blankeneser Hauptstraße zunächst flach, um dann steil und über viele Treppen hinunter am Strandweg zu enden. Das holperige Kopfsteinpflaster ist für viele Spaziergänger eine Herausforderung.

Wer Schlagemihls Treppe hinaufsteigt, kürzt den weiten Weg über die Blankeneser Hauptstraße stark ab und kann dabei zugleich in die gepflegten Gärten und auf die schönen Häuser rechts und links des Weges schauen.

Ohne große Steigungen verläuft Op'n Kamp parallel zur Blankeneser Hauptstraße. Nur wenige Treppen gilt es zu überwinden, dann hat man eine fantastische Sicht über das Treppenviertel und auf die Elbe.

Im engen und steilen Treppenviertel muss ständig dafür gesorgt werden, dass die Wege begehbar bleiben – was von den Anwohnern manchmal viel Geschick erfordert.

Über unzählige Treppen geht es auf der Elbterrasse mal bergauf, mal bergab. Dafür hat man einen besonders schönen Blick auf den großen Strom.

Die schöne Blankeneserin trug einen weiten roten Rock, einen flachen Hut, der auch als Sonnenschutz diente, und zierliche Schuhe. Die Blankeneser Schollen – hier in der Hand des Fischers und auf dem Holztisch – wurden auf dem Altonaer Markt verkauft. Die Grafik von 1803 ist ein Blatt aus Christoffer Suhrs Serie „Kleidertracht und Bräuche in Hamburg“ (1801–1806).

der Älteren, die noch Plattdeutsch sprechen, lichten sich. Man trifft sie am ehesten am Anleger, Op'n Bulln, wo sie sich den Wind um die Nasen wehen lassen und ein bisschen schnacken. Man hört sie auf dem Markt oder sieht sie im „Fischerhaus“ an der Elbterrasse, wo in einem der schönsten reetgedeckten alten Fachwerkhäuser von Blankenese eine Altentagesstätte ihr Domizil hat. Ein weißes Haus mit blauen Türen und Fensterrahmen, mit Bauerngarten und einem Elbblick, von dem man nur träumen kann. Ein Ort, wo die Geschichte Blankeneses heute aufs Schönste in einem kleinen Museum anschaulich gemacht wird. Wenn die zugereisten Blankeneser auf der Elbterrasse, hoch überm Strom am „Treffpunkt Fischerhaus“ vorbeispazieren, sagen sie: „Hier wollen wir, wenn wir mal alt sind, Doppelkopf spielen.“ Platt werden dann nur noch wenige sprechen. Es wird fast ausgestorben sein, genauso wie die alten Blankeneser Trachten längst aus den Kleiderschränken verschwunden sind. Die schweren roten Röcke und Brokathauben sind heute im Altonaer Museum zu sehen und bei den Aufführungen der 1985 gegründeten Blankeneser Trachtengruppe, die mit ihren traditionellen Tänzen auch schon in den Partnerstädten von Hamburg, St. Petersburg und Dresden, auftrat.
Elbsegler und Pudelmütze, klassischer Kopfschmuck der Blankeneser Männer gegen den unablässigen Wind, sind weitgehend der Baseballkappenmode gewichen.
Die alten Blankeneser werden weniger. Legende ist die alte Dame, die auf einer der schönsten Aussichtsterrassen am Hang Haus und Garten hatte und sich immer schrecklich über jeden Kondensstreifen am Himmel ärgerte, weil er ihrer Meinung nach das Himmelsbild zerstörte. Autofahrer erschreckte die weißhaarige,

Das gepflegte historische Fischerhaus an der Elbterrasse unterhalb des Süllbergs ist heute eine Altentagesstätte. Man trifft sich hier zu Kulturveranstaltungen, zum Spielen, Lernen oder einfach nur zum Klönen und genießt die Aussicht auf die weite Wasserfläche in der Ferne.

Stillleben im „Fischerhaus“: Die Altentagesstätte wird seit 1977 von der evangelisch-lutherischen Kirchengemeinde Blankenese betreut. Dieses Modell eines Ewers zeigt den wichtigsten Bootstyp aus der großen Zeit der Blankeneser Fischer.

So gemütlich wie hier im „Fischerhaus" sieht es heute in manchen alten Blankeneser Wohnungen immer noch aus. Nicht selten ist es sogar die junge Generation, die den historischen Wohnstil pflegt, zu dem auch Alkoven (Bettnischen) gehören.

SCHULDT

Scheunen
Dank

damals über 90-Jährige, indem sie mit Löwenmut am Ende der Elbchaussee auf die Straße vorsprang, um als Anhalterin an den Strand mitgenommen zu werden. Auch den feinen alten Herrn gibt es nicht mehr, der eines Tages bei den neuen Nachbarn an der Tür klingelte: „Können Sie mich nicht mal einladen? Ich bin immer so allein." Es wurde ein wunderbarer, lustiger Abend. Am nächsten Morgen fragte seine Schwester, ebenfalls schon hochbetagt, beim Einkaufen auf dem Markt am Käsestand: „Hat er sich denn auch gut benommen?" Geschwister. In Blankenese wie anderswo. Oder die drei älteren Damen, die nach einem Konzert des Männergesangvereins in der Aula des Gymnasiums an der Kirschtenstraße bei plötzlich aufgekommenem Glatteis hilflos über die Straße schlitterten und von einem freundlichen Autofahrer aufgelesen wurden. „Wohin?" Strahlend: „Wir wohnen alle drei bei ‚Sagebiels Fährhaus' an der Hauptstraße." Nun ist diese einzige Zufahrt zum Strand durchs Treppenviertel eine kurvenreiche, steile und enge Straße – bei Glatteis ein Alptraum. Drei munter plaudernde Alte, ein in Angstschweiß gebadeter Mann am Steuer. Doch irgendwie ging alles gut. Der Kavalier begleitete seine kostbare Fracht bis vor die jeweilige Haustür. Die Abschiedsworte der drei beschäftigten ihn dann so sehr, dass er in Gedanken versunken die noch steilere Auffahrt zum „Dorf" mühelos hinter sich brachte. „Vielleicht sollten Sie sich doch mal ein größeres Auto anschaffen, junger Mann." So die eine. Die zweite bot ihm Geld für die Fahrt an. Die dritte rettete die Ehre der Blankeneserinnen: „Noch mal vielen Dank, und wenn der Sommer kommt, holen Sie sich einen schönen, dicken Blumenstrauß aus meinem Garten bei mir ab."

Im „Fischerhaus" am Süllberghang lässt sich die Einrichtung und Aufteilung früherer Blankeneser Häuser noch heute gut nachvollziehen.

Folgende Doppelseite: Das Treppenviertel wölbt sich wie eine Riesenmuschel konkav nach innen. Die meisten kleinen Gärten liegen windgeschützt. Hier fängt sich die Sonne und bildet ein besonderes Kleinklima. Der Frühling kündigt sich früher an als andernorts in Hamburg.

Im Treppenviertel sind die Erinnerungen an die traditionellen Berufe – an die Lotsen, Reeder, Kapitäne, Künstler, Kaufleute und Handwerker – gut aufgehoben. Originale, Käuze und Querulanten wachsen hier wie das Unkraut bei Regen.

Aber nichts gedeiht im Labyrinth der 4864 Stufen so prächtig wie die Kinder. Zwischen dem Hirschpark im Osten und dem Falkensteiner Ufer im Westen können sie über einen Abenteuerspielplatz toben, wie es ihn so paradiesisch kaum noch irgendwo gibt. Sie spielen Verstecken zwischen 100 krumm angelegten Treppen – niemand kennt die verbotenen Privattreppen am Hang so gut wie die Halbwüchsigen – und sie bauen Bretterbuden in alten Eichen. Andere vollführen waghalsige Rollerskate-Akrobatik auf den schmalen Handläufen, die den Älteren das Treppensteigen leichter machen. Die Kleinen fallen auf den Stufen vor der Gartentür höchstens mal auf die Nase. Der Schreckensschrei „Vorsicht, Auto!“ kommt später, am Fuß der Treppen.

Von seiner schönsten Seite zeigt sich dieser Abenteuerspielplatz unten am Hang, an der Elbe. Auch dies ein Ort verlorener Kinderspiele: Als der Fluss noch nicht für die Schiffe ausgebaggert werden musste – heute verhindert die starke Strömung in der vertieften Fahrrinne das Zufrieren –, war Eisschollenspringen für Blankeneser Kinder das königlichste aller Spiele. Mit langen Stangen, den sogenannten Peekhaken, holte man sich die Eisschollen im Wasser heran und ließ sich den Strom abwärts oder bei auflaufender Flut aufwärts tragen. Ein gefährliches Spiel, bei dem immer wieder Kinder in Not gerieten. Heute bauen sich die Mädchen und Jungen aus den Eisschollen, die von der Flut auf den Strand getragen werden, Iglus im Sand.

Bei Eisgang auf der Elbe sind die Geräusche der sich übereinanderschiebenden Schollen im ganzen Hanggebiet zu hören. Aufgrund der Elbvertiefung und der Klimaerwärmung ist Eisgang inzwischen allerdings ein selten gewordenes Schauspiel (Foto vor 1900).

Eisschollen auf der Elbe: Das war das richtige Wetter für die Blankeneser Jungs, um mit dem Peekhaken aufs Eis zu springen. Die Aufnahme stammt aus dem Jahr 1939.

Das glückliche Ufer

Noch sorgen die beiden Richtfeuer am Strand und auf dem Kanonenberg dafür, dass die Schiffe die schmale Fahrrinne nicht verlassen. Der Turm am Strand, vor seinem Bau heftig umstritten, ist längst zu einem Wahrzeichen Blankeneses geworden. Von den übereinanderliegenden Aussichtsplattformen geht der Blick weit stromabwärts und stromaufwärts.

Die Zeit der beiden rot-weiß gestreiften Blankeneser Leuchttürme, die erst 1984 eingeweiht wurden, ist gezählt. Zunächst wurden die „Leuchtspargel“ auf dem Kanonenberg von Baurs Park und westlich des Blankeneser Fähranlegers vor Ort heftig bekämpft. Passen nicht in das milieugeschützte Treppenviertel! Dann begann man sie zu mögen und wie eine Wandzeitung für Graffitikunst zu nutzen.

Die neue Verbreiterung der Fahrrinne gen Süden von 250 auf 400 Meter soll der größeren Sicherheit von Schiffsbegegnungen zwischen Hamburg und Wedel dienen. In der Folge braucht man neu positionierte Richtfeuer am Strand, die den Riesencontainer-, Tank- und Kreuzfahrtschiffen den Weg weisen.

Die historischen Leuchttürme aus dem 19. Jahrhundert unten am Strand von Wittenbergen und oben auf der Geestkante bleiben erhalten. Sie markieren Anfang und Ende des langen Sandstrandes, der durch die Aufspülung an Attraktivität gewonnen hat. Sonnen, Sandburgen bauen, schwimmen. Nach Lust und Laune. Und wenn die Sonne untergeht, ist noch längst nicht Schluss.

Davon könnte man träumen: Hochzeitsnacht im Turmzimmer des „Strandhotels". Das Jugendstilgebäude (Bildmitte) wurde 1902 am Fuß der Strandtreppe errichtet.

In den windgeschützten Gärten am Hang zieht früher als anderswo der Frühling ein.

Vor diesen beiden Gärten, die sich am Strandweg zu einem verbinden, bleiben immer wieder Menschen stehen und freuen sich über so viel Gratisschönheit. Das Gartenhäuschen ist ein Refugium für stille Stunden.

Folgende Doppelseite: Die Architektur der Häuser am Strandweg ist wie überall in Blankenese bunt gemischt. Dieses Haus in der Nähe des Leuchtturms gehört zu den idyllischen Anwesen, denen sich der Spaziergänger mit den Augen nähern kann, die aber durch Vorgärten vor allzu aufdringlichen Blicken geschützt werden.

Eine der schönsten Perlen in der Häuserkette, die fast am Ende des Strandwegs das Labyrinth des Treppenviertels begrenzt, ist das im Altländer Stil errichtete Gebäude rechts im Bild. An seiner Giebelseite steht ein Spruch des plattdeutschen Dichters Klaus Groth: „Nord un Süd, de Welt is wied. Ost un West, to Hus is best.“

Seit 1842 ist an der ehemaligen Fährstelle vor dem Strandweg von Blankenese ein Ponton verankert und mit dem Festland durch einen Steg verbunden. Der nach den flachbodigen, hier typischen Transportschiffen benannte „Bulln" wurde mehrfach erneuert, so 1888 aus Eisen, auch im Jahr 1925 (Foto oben) und zuletzt 2005.

Rechts: Eine Fähre der Hadag mit Hakenkreuzfahne legt 1939 am Bulln an.

Der Blankeneser Fähranleger Op'n Bulln um 1953. Schon bald nach dem Zweiten Weltkrieg war Blankenese wieder das, was es früher auch schon gewesen war – ein attraktiver Naherholungsort für die Hamburger.

Bis in die 1960er-Jahre konnte man mit kleinen Booten zu den vor Blankenese liegenden Badestränden auf dem Kleinen und Großen Schweinesand übersetzen.

Es gab drei Möglichkeiten hierzu, eine davon war der Anleger Breckwoldt am „Strandhotel"/Strandweg (Foto).

Die sommerlichen Regatten im Mühlenberger Loch haben Tradition. Oben ein Segelwettbewerb im Jahr 1952, rechts ein Boot in den 1930er-Jahren.

Segeln lernen die Kinder von klein auf in Blankenese. Die Familien genießen vom Wasser aus die herrliche Kulisse des Treppenviertels. Links eine Aufnahme um 1952.

787
BECK'S
BECK'S
BECK'S
BECK'S

Ponton op'n Bulln
BECK'S

Vorangehende Doppelseite: „Op'n Bulln" nennen die Einheimischen den Anleger, von dem aus früher die Holsteiner Ochsen gen Süden nach Buxtehude und weiter expediert wurden. Der Fähranleger von Blankenese dient vielen schönen Zwecken. Hier gehen die Fähren ab ins Alte Land, nach Cranz auf der gegenüberliegenden Seite. Hier kann man in der Sonne sitzen und Ausschau halten sowie sich rechts und links aufs Netteste bedienen lassen.

Warme Sommernächte am Strand von Blankenese! Grillfeuer wie Glühwürmchen. Auf den Restaurantterrassen am Strandweg sind längst die Tische hochgeklappt. Das Schwatzen und Lachen der feiernden Grüppchen, ein allerletztes Quaken der Enten, bevor sie in Lee des Anlegers in Schlaf fallen, das leise Rauschen eines vorbeifahrenden Schiffes – Sommerfreuden an Hamburgs „glücklichem Ufer". Ein schmückender Beiname für Blankenese, der von einem Berliner stammt, der sich in den Ort verliebt hatte.

Sommerzeit. Zeit für die BSC-Kutter, auf große Reise zu gehen. Die drei Buchstaben stehen für die allertypischste Institution, die dieser glückliche Ort zu bieten hat: den Blankeneser Segel-Club. 1898 wurde der Verein im heute nicht mehr existierenden „Schifferhaus" am Strandweg gegründet. Ein alter Kohlenschuppen diente als Treffpunkt. Heute schwimmt das Vereinslokal im Jollenhafen unterhalb von Baurs Park, der nach der großen Sturmflut von 1962 abgedeicht wurde. Die schöne BSC-Flagge – blaue Fläche mit weißem Kreuz und roter Sonne in der Mitte – weht vor einem Domizil, das, wie der ganze Verein, eher bescheiden daherkommt. Arrogant und großspurig ist der „Blankeneser Treppenadel", der im BSC versammelt ist, nur in Fernseh-Vorabendserien. In Wirklichkeit sind die Mitglieder feine, handfeste Leute, die gern etwas Neues anpacken. In diesem ersten Club fürs Freizeitsegeln an der Elbe wurde zum Beispiel der Jollenkreuzer erfunden, ein Boot mit kleiner Kajüte, das sich ideal für die Segelabenteuer zwischen den Sänden und den schwierigen Strömungen des Flusses eignet. Seit 1913 gibt es im BSC eine Jugendabteilung. Mitglied kann heute jeder werden, der mindestens

Der Blankeneser Segel-Club (BSC) wurde bereits 1898 gegründet. Er kann nicht nur auf eine lange Geschichte, sondern auch auf die erfolgreiche Teilnahme an nationalen und internationalen Wettbewerben zurückblicken. Hier das alte Bootshaus am Strandweg.

So sah das Gelände des Blankeneser Segel-Clubs vor dem Zweiten Weltkrieg aus. Das schmiedeeiserne Gitter von 1834 am Rand der Kastanienallee steht unter Denkmalschutz. Es begrenzte früher den Baurs Park.

Der kleine Yachthafen des Mühlenberger Segel-Clubs unterhalb des Hirschparks entstand durch die Begradigung der Elbe. Wer hier an- und ablegt, hat Zuschauer, die auf den Bänken unterhalb der Mauer der von dem Architekten Cäsar Pinnau entworfenen Wohnanlage in der Sonne sitzen.

Die am Blankeneser Ufer vorbeiziehenden Schiffe waren schon immer begehrte Objekte der Fotografen. Oben eine Aufnahme vermutlich aus dem Jahr 1938, rechts von 1913. Begeistert winken Besucher und Angehörige am Blankeneser Strand dem über die Toppen geflaggten Schiff zu.

Rechte Seite: Das Foto zeigt das schöne Ufer hinter Schiffstauen (1952).

HAMBURG

sieben Jahre alt ist und ein Freischwimmerzeugnis hat. Wie im benachbarten Mühlenberger Segel-Club kommen die Jüngsten regelmäßig zum Training in den kleinen Optimistenjollen zusammen. Und die Erwachsenen schauen vom Ufer aus gerührt zu, wenn die mutigen Kleinen, in ihren Jollen wie ein langer Schwanz an einem Motorboot hängend, am Ende wieder in den sicheren Hafen geschleppt werden.

Wer so nah an einem großen Strom gebaut hat wie die Blankeneser, der bewegt sich gerne auf dem Wasser. Hinein geht er eher nicht. Der zünftige Segler segelt, er schwimmt nicht. Aber seit einigen Jahren kann er beobachten, wie immer mehr Menschen am Strand unterhalb des Süllbergs und am Wittenbergener Ufer baden gehen. Das ist gefährlich wegen der Strömungen und des Sogs der Schiffe. Doch das Wasser ist heute sauberer als noch Ende der 1980er-Jahre. Schlucken sollte man es trotzdem nicht. Das bekommt nur den Fischen, die sich seit einigen Jahren in der Elbe wieder stark vermehren. Vor der Insel Schweinesand/Neßsand, die als Naturschutzgebiet ab Blankenese den Strom kilometerlang teilt, werfen die Fischkutter ihre Netze aus. Auf der Speisekarte macht im Frühjahr wieder der Stint der Scholle und dem Matjeshering Konkurrenz.

Wie sich die Bilder gleichen. Wer heute an heißen Sommersonntagen das wuselige Blankeneser Strandleben sieht, wird an die alten Fotos erinnert, die vergleichbare Badeszenen um 1900 zeigen. Damals war das alte Fischerdorf längst zum viel besuchten Luftkurort mutiert. Man ging baden: im hochgeschlossenen Schwimmkostüm, den Strohhut auf dem Kopf. Und meistens traute man sich nur bis zu den Waden ins

Segeln auf der Elbe vor Blankenese ist etwas für Könner. In der Fahrrinne hat die Handelsschifffahrt Vorfahrt. Die Insel Schweinesand/Neßsand, heute Naturschutzgebiet, teilt den Strom. Am Wittenbergener Elbufer sitzen die Badegäste und Sonnenanbeter in den ersten Reihen.

Bereits seit Mitte des 19. Jahrhunderts badete man vor Blankenese. Zeitweilig war der Strand so stark frequentiert, dass 1920 eine „Kurtaxe-Ordnung für den Luftkurort Blankenese“ erlassen wurde. Seit die Elbe wieder sauberer ist, tummeln sich auch heute bei gutem Wetter die Badegäste am Ufer.

Freizeit am Strand im Jahr 1936. Hier geht man baden unterhalb der Treppe mit dem vielsagenden Namen „Rutsch". Im Hintergrund das noch heute existierende Restaurant „Zum Bäcker" mit großer Terrasse zur Elbe.

Badespaß an der Elbe vor Blankenese (Postkarte von 1910). Auch auf den beiden im Strom liegenden Inseln Kleiner und Großer Schweinesand fand reger Badebetrieb statt. Dorthin übergesetzt wurde man mit von Motorbarkassen gezogenen, kleinen Booten.

Wasser. Heute ziehen sich Groß und Klein am liebsten bis auf ein Minimum aus. Die echten Wasserratten, die es zwischen den Steinen natürlich auch noch gibt, nehmen Reißaus, wenn sich die mutigen Schwimmer ins Wasser stürzen. Das Erscheinungsbild des Einzelnen hat sich verändert, die Badeszenen en gros und der Freizeitspaß in der Menge sind jedoch ähnlich wie vor 100 Jahren.

Die kleinen Blankeneserinnen wagen schon mal, hochgeschürzt, ein kleines Fußbad; die Jungen sind erst einmal abwartend am trockenen Strand zurückgeblieben. Ein Foto aus dem Jahr 1890.

Folgende Doppelseite: Zwei Containerschiffe begegnen sich in Höhe des Richtfeuers am Strandweg auf ihrem Weg Richtung Nordsee beziehungsweise Hamburger Hafen.

FEEDER
EVERGREEN
CHINA SHIPPING
ITALIA

Rund um den Süllberg

Von „Schuldts Kaffeegarten“ an der Süllbergsterrasse hat man eine der schönsten Aussichten auf die Elbe. Seit über 120 Jahren ist das Café in Familienbesitz. Auch heute wird hier der Bohnenkaffee noch ganz altmodisch aufgebrüht und der Kuchen selbst gebacken (Postkarte von 1928).

„Nach dem Süllberg muss man mit der Droschke nachts ein Uhr fahren, wenn die Nachtigallen schlagen auf der Flottbeker Chaussee und in den Villengärten.“ Der Dichter Detlev von Liliencron (1844–1909) war romantisch. Bei seiner Droschkenfahrt zum Süllberg im Jahr 1885 hielt er ein „liebes süßes Mädel“ im Arm, das er der Frühlingsnachtkälte wegen in seinen grauen Herrenmantel gehüllt hatte. Liliencron war ein Lebenskünstler. Geld hatte er nie. Wer heute auf den Süllberg fährt, muss viel Geld haben. Liliencron, der romantische Dichter, hätte im Leben nicht genug Fantasie gehabt, um sich auszumalen, dass weit mehr als 100 Jahre nach seiner Nachtigallennacht der schöne Berg zum Spekulationsobjekt für reiche Leute zu verkommen drohte. Die Blankeneser haben nicht ohne Erfolg gegen die massive Bebauung gekämpft. So konnten nicht alle Neubauten errichtet werden, die einmal geplant waren. Aber wo kommen auf diesem Luxushügel heute die armen Dichter unter? Ja doch – in „Schuldts Kaffeegarten“, eine Etage tiefer, gibt es für sie immer noch ein Plätzchen. Oder zum Beispiel an der rund um den Hügel führenden Süllbergsterrasse, die oben am Süllberg

Blick von Norden über Blankenese. Rechts die markante Erhebung des Süllbergs. Stahlstich von Julius Gottheil, 1855.

Seinen Namen erhielt der Bismarckstein von dem Besitzer des Geländes, der hier 1890 zu Ehren des berühmten deutschen Reichskanzlers ein 51 Meter hohes Denkmal errichten lassen wollte.

beginnt und an ihrer höchsten Stelle einen Ruheplatz mit einer Rhododendronhecke im Rücken bietet, wie er grandioser kaum sein kann. Der Blick schweift über die Elbe und die Insel Schweinesand/Neßsand bis zum Alten Land und zu den Harburger Bergen am anderen Ufer. Genauso fantastisch, aber anders ist der Blick wenige Gehminuten weiter am Bismarckstein, wo ein Aussichtsturm steht, der aber nicht zugänglich ist. Und man braucht ihn auch nicht. Denn von der Ruhebank geht der Blick über die grünen Hügel und die Elbe in eine Ferne, in der Wasser und Himmel verschmelzen und die Augen in die Unendlichkeit zu schauen meinen. Glücksgefühle am Rande des vergoldeten Hügels von Blankenese, die gar nichts kosten.

Gold wie Reichtum und Grün wie Gärten, Bäume, Büsche. Das sind heute die Farben des Süllbergs. In alter Zeit, als die Endmoräne noch unbewaldet war, tauchte der Hügel für die Fischer, die die Elbe hinauffuhren, als weiße Silhouette am Horizont auf.

Erster Bauherr auf dem Süllberg, der damals noch Sollonberg hieß, war der Bremer Erzbischof Adalbert (um 1000–1072), der zu seiner Zeit im Heiligen Römischen

Blankenese Mitte des 19. Jahrhunderts. Der kolorierte Doppeltondruck von Wilhelm Heuer aus dem Jahr 1853 zeigt links in der Ferne die Türme von Hamburg, im Baurs Park die Pagode mit einem Turm, in der Mitte die Elbe mit Segelschiffen und einem Dampfer und rechts auf dem Süllberg einen Pavillon nebst viereckigem Turm.

Mit seinem flachen Boden war der Ewer für Blankenese das ideale Boot, weil man ihn bei Ebbe am Strand gut trockenfallen lassen und damit leicht be- und entladen konnte (Foto von 1904).

Vorangehende Doppelseite: So saß man 1930 oben auf dem Süllberg auf der Terrasse und bewunderte den Riesendampfer. Nicht ahnend, dass am Ende des Jahrhunderts 300 Meter lange Containerschiffe die Elbe befahren würden. Unten lagen kleine Boote im Wasser. Die Häfen des Blankeneser Segel-Clubs und des Mühlenberger Segel-Clubs gab es noch nicht.

Reich eine wichtige politische Rolle spielte. Die mit der Propstei verbundene Burg, in 75 Meter Höhe über dem Strom gelegen, war ein Kontrollposten für Handel und Wandel zwischen Norden und Süden, Osten und Westen, wurde aber bereits 1066 von Aufständischen aus dem Umland zerstört.

Knapp 200 Jahre später war einer neuen Befestigungsanlage der Schauenburger Grafen auf dem Süllberg ebenfalls keine lange Dauer beschieden. Nach nur vier Jahren beriefen sich die Hamburger 1262 erfolgreich auf ihre Wehrhoheit, die im Umkreis von etwa 15 Kilometern die Anlage von Burgen oder Wällen verbot. Alte Aufzeichnungen belegen, dass Blankenese ab dem 14. Jahrhundert häufig zum Reiseziel Hamburger Kaufleute wurde. Doch die Handelsherren suchten nicht die Sommerfrische oder den weiten, weißen Strand. Sie trafen sich in dem kleinen Fischernest, um mit Vertretern aus Stade, Buxtehude oder Horneburg zu verhandeln. Dienstreisen also, für die Blankenese damals sogar schon eine Unterkunft anbieten konnte: „Sagebiels Fährhaus“, das heute immer noch Restaurant ist.

Die Aussichtsterrasse steht in ihrer Schönheit dem Süllberg kaum nach. Wenn im Fernsehen mal wieder der 1943 gedrehte Film „Große Freiheit Nr. 7“ gezeigt wird, gibt es einen regelmäßigen Wiedererkennungseffekt: „Das ist doch bei ‚Sagebiels‘!“ Ganz richtig. Hans Söhnker und Ilse Werner schauen sich auf der Terrasse verliebt in die Augen. Die Blankeneser sind stolz auf „ihr“ „Sagebiels“ als Film-Location. Aber ist es noch das Ihre? Heute werden die Gäste hier unter anderem auch chinesisch bewirtet. Was manchem zu passen scheint wie die Faust aufs Auge. Die Faust aufs Auge war in früheren Zeiten in dem Fährhaus

Es ist schon ein Erlebnis der besonderen Art, bei sonnigem Wetter vom Biergarten auf dem Süllberg (oben) auf die Elbe zu schauen.

Die Annäherung an Blankenese gelingt am schönsten vom Wasser aus. Die eng besiedelte Endmoräne am Nordufer des Elbstroms ist in ihrer Erscheinung von südlicher Anmut. Links das Richtfeuer am Strandweg, rechts oben der Süllberg mit seinem markanten Turm.

UNIFEEDER

Vorangehende Doppelseite: Mit gut 74 Metern Höhe gehört der Süllberg zu den höchsten Erhebungen Hamburgs. Vom über dem gleichnamigen Hotel und Restaurant aufragenden Turm hat man einen fantastischen Blick auf die Elbe.

Der Aufstieg vom Strandweg zur Elbterrasse ist anstrengend. Aber die Mühe wird belohnt mit einem der sonnigsten und stillsten Ruheplätze am Steilhang (oben).

In der Hans-Lange-Straße, benannt nach dem Blankeneser Gemeindevorsteher Ende des 19. Jahrhunderts, wohnt man ruhig und gemütlich (rechts).

An der Ecke Elbterrasse/Süllbergstreppe gibt es bemerkenswerte historische Häuser (unten rechts), am Krumdal ein Ensemble aus Alt und Neu (ganz rechts).

Blick von „Sagebiels Fährhaus" auf die Elbe, um 1941. Im Jahr 1943 drehte Helmut Käutner auf der Terrasse Szenen zu dem Film „Große Freiheit Nr. 7" mit Ilse Werner, Hans Söhnker und Hans Albers.

Das Treppenviertel von Baurs Park aus gesehen. Der Süllberg thront über allem wie eine Burg (um 1903).

manchmal ganz wörtlich zu nehmen. Hier logierten vor allem die Fuhrknechte, die die Ochsentransporte von Norden nach Süden begleiteten. Männer, die nicht lange fackelten. Die Fähre am Fuß des Kiekebergs bot für sie und ihre Transporte die günstigste Möglichkeit, die Elbe zu überqueren. Der Strom, der heute zwischen Blankenese und Cranz immer noch drei Kilometer breit ist, hatte sich vor der Eindeichung am Südufer noch weiter ins Land geschoben. Wenn die Ochsen wieder an Land gingen, waren sie schon fast in Buxtehude angekommen. Wegen des Blankeneser Sandes war die Elbe vor Blankenese durch die Jahrhunderte nur bei Flut für Schiffe und Fähren passierbar.
Auch die Fischer von Blankenese hatten von alters her in „Sagebiels Fährhaus“ ihre Stube. Hier wurden Hochzeiten, Kindstaufen und Beerdigungen gefeiert. Im Jahr 1700 wurde die Klage eines Mannes aus dem benachbarten Wedel aktenkundig, der angab, dass der Fährmann ihm einem „Krug voll Bier ins Gesicht geworfen und seinen Degen auf ihn geblößet habe“. Wer heute die Streitfälle vor dem Blankeneser Amtsgericht verfolgt, wird wohl sagen: „Wenn's mehr nicht war!“

Das frühere Fährhaus von Blankenese brannte 1826 ab. Danach wurde etwas weiter östlich, neben der Fährhaustreppe, eine Terrasse mit Restaurant errichtet, das 1868 an den Hamburger Gastronomen Conrad Sagebiel verkauft wurde. Heute wird das aufwendig restaurierte Fährhaus von Markus Chen bewirtschaftet (Foto von 1890).

Folgende Doppelseite:
Zu Kaffee und Kuchen auf der Terrasse von „Sagebiels Fährhaus“ gibt es gratis den hinreißenden Elbblick.
Das Gasthaus diente früher den Fuhrknechten als Schlafstelle, die Ochsen von Holstein über die Elbe nach Süden begleiteten.

OOCL

Blankeneses Anfänge und seine Besonderheiten

Der Elbstrand vor Blankenese mit dem Süllberg (links) und dem Kanonenberg (rechts), wie er 1890 von Wilhelm Heuer gezeichnet wurde.

Blankenese zählt heute unangefochten zu den feinen und teuren Adressen von Hamburg. Die dort wohnen, sind überzeugt, dass man nirgendwo ein schöneres Zuhause haben kann. Das war nicht immer so. Vor über 700 Jahren, als der Name Blankenese zum ersten Mal in einer Urkunde auftauchte, zählte die prosperierende Hafenstadt Hamburg bereits zu den mächtigen und einflussreichen Ansiedlungen im damaligen Heiligen Römischen Reich. Das zu Holstein gehörende Blankenese war zu der Zeit noch gänzlich unbedeutend. Der Name leitet sich vom plattdeutschen „blanke Ness" her und bedeutet weiße, sandige Landzunge. Irgendwann hatte sich am Fuß des Süllbergs und des Kiekebergs eine Handvoll Familien angesiedelt. Sie lebten mehr schlecht als recht vom Fischfang. Wer Glück hatte, der verdiente sich durch Fährdienste ein Zubrot. Die Freie und Hansestadt war weit weg. Es sollten noch mehrere Jahrhunderte vergehen und viel Wasser die Elbe hinunterfließen, bis die Familien über der „blanken Ness" am Reichtum Hamburgs partizipierten. Günstig für das Auskommen der Fischerfamilien war, dass damals noch ein Vorland existierte,

auf dem Schafe und Kühe weiden konnten. Dieses Vorland wird in mehreren Quellen aus dem 15. und 16. Jahrhundert beschrieben. Im 17. Jahrhundert muss es irgendwann vom Wasser geschluckt worden sein. Pachtverträge wurden seitdem nicht mehr erwähnt.

Das Leben zwischen den weißen Sandhügeln von Blankenese war hart, und Not macht erfinderisch. So eilten die Fischer zu Hilfe, wenn fremde Schiffe vor ihrer Haustür in Seenot gerieten. Der Normalfall war, dass die Ortsunkundigen vor Blankenese auf eine Sandbank auﬂiefen und aus eigener Kraft nicht wieder freikamen. Die Fischer lotsten die Schiffe dann mit aufkommender Flut wieder ins freie Fahrwasser. Damit kamen sie aber den königlich privilegierten Lotsen aus Övelgönne ins Gehege. Der lange Streit endete erst 1785 mit einem Kompromiss: Von 50 holsteinischen Elblotsen durften maximal zehn aus Blankenese stammen. Dies war die Geburtsstunde des Blankeneser Elblotsen, eines Berufsstandes, der sich 1798 in einer Bruderschaft organisierte und noch heute beim Blankeneser „Treppenadel“ als höchst honorig angesehen wird.

Das Freihalten der Fahrrinne durch Bagger sowie modernste Navigationshilfen haben das Auflaufen von Handelsschiffen vor Blankenese zu einem seltenen Schauspiel gemacht. Doch wenn es einmal wieder passiert, stehen die alten Seebären und die Neubürger einträchtig am Ufer und erzählen sich die Geschichten aus Blankeneses Frühzeit, als die Fischer nicht nur Helfer in der Not, sondern auch gewiefte Strandräuber waren. Schließlich wollte man überleben, und die Hamburger sowie die Altonaer Fischer machten den Blankenesern oft genug die Fanggründe streitig.

So beschaulich sah es 1810 noch am Mühlenberg aus. Damals standen dort nur wenige Katen und Fischerhäuser, die von Lotsen, Fischern und Seeleuten bewohnt wurden.

Ordnung kam in die Sache, als das zur Grafschaft Pinneberg gehörende Blankenese 1640 unter dänische Herrschaft fiel. König Christian IV. bot den damals 41 selbstständigen Fischerfamilien seinen Schutz an. Er sicherte ihre Fangrechte, und sie erhielten für Bergungsarbeiten einen Anteil des Versteigerungserlöses. Sämtliche Blankeneser wirkten zum Beispiel an der Bergung der Ladung des Schiffes „Justus Henricus" mit, das 1748 auf einer Reise von Nantes nach Hamburg kurz vor dem Ziel ausgebrannt war. Die gerettete Ladung wurde versteigert. Auf der Versteigerungsliste standen für 1600 Taler Zucker, für 700 Taler Wein und Branntwein, für 200 Taler Pflaumen, für 160 Taler Kaffee und endlich noch zehn Kanonen für 250 Taler.

Den Blankenesern fiel früher nichts in den Schoß. Das harte Leben prägte ihren Charakter. Fleißig, tüchtig, sehr sparsam, wagemutig auf dem Wasser, erfindungsreich im Auftun neuer Geldquellen und bodenständig – so waren sie, und so haben sie sich in großen Zügen bis heute gehalten. Man muss die Blankeneserinnen nur einmal beim Einkaufen beobachten. Obst und Gemüse werden genau beäugt, bevor etwas in den Korb wandert. Die Ware muss fehlerlos und preiswert sein, da sind sich die Cabrio- und die Fahrradfahrerin offensichtlich völlig einig. Fünf grade sein lassen – das ist eine Mentalität, die hier selten gefragt ist.

Gut, dass diese Sparsamkeit von alters her mit einem unternehmerischen Geist gepaart war und ist, der für eine gewisse Weltoffenheit sorgt. Dänemarks König Christian IV. wusste, was er tat, als er den Blankenesern im 17. Jahrhundert ihre Fangrechte sicherte. Aus der kleinen Ewerflotte vom Strand unterm Süllberg entwickelten sich die Anfänge einer Hochseeflotte. Die

Die große Zeit der Blankeneser Schifffahrt ist seit 1919 endgültig vorbei. Noch um 1864 fuhren 154 Frachtschiffe unter Blankeneser Flagge. Doch auch heute noch haben die Seefahrt und der Hafen eine große ökonomische Bedeutung für Blankenese und Hamburg. Stapellauf eines Dreimastschoners auf der Werft E. Dreyer, 1869. Der Eigner war der Blankeneser Jürgen Breckwoldt, das Schiff wurde 1882 verkauft.

Der Schoner „Europa“ gehörte dem Blankeneser Reeder Wilken von Ehren und wurde 1832 in Elmshorn gebaut. Im Oktober 1840 ging das Schiff in der Nordsee unter.

Die Schonerbrigg „Bonita“ wurde 1876 gebaut. Am 20. März 1885 machte das Blankeneser Schiff auf einer Reise von Corinto nach Falmouth Wasser und trieb zuletzt auf der Holzladung. Die „Bonita“ musste verlassen werden, die Mannschaft wurde von einem amerikanischen Kriegsschiff übernommen.

Die Schonerbrigg „Maria“ umrundete als erstes Blankeneser Segelschiff 1848 Kap Hoorn. Das fünf Jahre zuvor gebaute Schiff war seinerzeit das größte von Blankenese und wurde mit einer Besatzung von sieben bis acht Mann gesegelt.

Bevölkerung von Blankenese wuchs bald deutlich schneller als die von Dockenhuden. Das bereits 1184 urkundlich genannte Bauerndorf Dockenhuden war als östlicher Nachbar von Blankenese nie eine Konkurrenz, sondern als Lieferant landwirtschaftlicher Produkte eher nützlich. Erst 1919 wurde das Bauern- und Fischerdorf mit Blankenese vereint.
Als Christian IV. Herr über Blankenese wurde, lebten unterhalb des Süllbergs gerade mal 45 Familien. Heute zählt der Ort rund 13 000 Einwohner. Und immer noch ist der Name Breckwoldt hier ein Begriff – sei es als Straßenname oder als gute Adresse für frischen Fisch – obwohl der Familie das Geschäft nicht mehr gehört. „Der den Wald brach" gehörte zu den ersten Siedlern am Fuß der weißen Sandberge. Von den 45 Familien, die 1640 zu Beginn der Herrschaft Christians IV. gezählt wurden, hörte die Hälfte auf den Namen Breckwoldt. Um 1600 tauchte der Name so oft im Grund- und Schuldbuch auf wie kein anderer. Um 1680 trug immerhin noch ein Drittel der Blankeneser den Namen Breckwoldt. Doch es kam Konkurrenz auf. Die Stehrs, die Bohns, die Schuldts, die Krögers, von Ehrens, von Appens, Mählmanns, Dreyers und Oestmanns sind heute gleichfalls stolz darauf, zu den alteingesessenen Familien zu zählen.
Schon bald prosperierte die Fischereiflotte, deren Schiffe traditionell auf den Namen der Fischersfrauen „Ilsabe", „Elisabeth", „Catharina" oder „Maria" getauft wurden, oftmals aber auch auffallend wunschbesetzte Namen wie „Hoffnung", „Erwartung" oder „Einigkeit" trugen.
Prosperität schafft Kultur. Die reetgedeckten Fischerhäuser aus dem 18. Jahrhundert gehören heute zu den

Linke Seite: Fischer beim Ausbessern einer Reuse.

Die Fischer Joh. Ingwersen, Klais Jessen und Klaus Breckwoldt beim Netzetrocknen am Blankeneser Strand, um 1898.

schönsten und typischsten Elementen im bizarren Architektur-Dschungel von Blankenese. In der Milieuschutzfibel für Blankenese, die die Hamburger Baubehörde in den 1980er-Jahren veröffentlichte, zeigt eine Karte, dass noch erstaunlich viele dieser Fischer- und Kleinsthäuser aus alter Zeit erhalten sind. Wie regelmäßige Einsprengsel sind sie über den Hang verteilt. Die von der Eiszeit geformte Riesensandmuschel bot den Behausungen Schutz vor Wind und Wetter. In den kleinen Gärten fing sich früh die Sonne und ließ Obst, Gemüse und Blumen besonders gut gedeihen. Das ist heute nicht anders. Nirgendwo in Hamburg blühen die Forsythien, Rosen, Glockenblumen, Malven und Dahlien so früh wie im Treppenviertel. Die wilden Büsche der Blankeneser Porzellanrose mit ihrem sanften Duft, die Stockrosen, die aus dem Kopfsteinpflaster an den warmen Mauern hochschießen, bringen Gartenliebhaber zum Schwärmen. Elb-Riviera!

Viele der Familien, die damals von der Fischerei, von der Segelschifffahrt und vom Lotsenwesen lebten, hausten in Kleinstwohnhäusern mit einer Stube nebst Küche. Stilprägend für den Ort wurden das „Tweehus“

13

und das „Dreehus", zwei reetgedeckte Häusertypen, die zu Beginn des 18. Jahrhunderts entstanden. Diese Zwei- und Dreifamilienhäuser verfügten über eine gemeinsame Mitteldiele zum Ausbreiten der Netze und davon abgetrennte Herdstellen und Schlafstuben. Typisch für diese Häuser sind, neben dem Reetdach, das Fachwerk, Eckfenster als „Utlucht" und zur besseren Beleuchtung der Innenräume sowie bleiverglaste Fenster und farbig lackierte Fensterklappen. Und natürlich die zweigeteilte „Klöndör", an der es sich früher mit aufgestützten Ellbogen so gut schnacken ließ, die jedoch heute mehr oder weniger nur noch zur Lüftung dient.

Einer der besten Zeitzeugen des alten Blankenese war der Kunstpädagoge und langjährige Direktor der Hamburger Kunsthalle Alfred Lichtwark (1852–1914). 1897 schrieb er an den Heimatkundler Richard Ehrenberg: „Von allen Orten der Unterelbe zeichnet sich Blankenese durch eine sehr mannichfaltige und originelle einheimische Architektur aus. Ihr Hauptreiz lag in der Farbe; sie war in dieser Beziehung einfach mustergiltig und hätte den Ausgangspunkt für eine neue ländliche Architektur der ganzen Umgebung, namentlich auch Hamburgs abgeben können. Rothe Dächer, grüne Läden und Thüren, weissgestrichene Fensterrahmen und Thür-Oberlichter bildeten den einen Typus. Waren bei Strohdächern die Wände geweisst, so strich man Läden, Fenster und Thüren ochsenblutroth oder grünblau. In allen Fällen waren Haus und Garten eine malerische Einheit von hohem Reiz. Cement und die Ornamente und Säulen, zu denen dieses Material eine geschmacklose Zeit verleitet, fehlten ganz. Dafür waren die Fenster von jedem Zwange frei und konnten nach dem Lichtbedürfnisse des Raumes, den sie erleuchten

Schornsteinfeger an der „Klöndör". Diese Haustür diente in alten Zeiten vor allem praktischen Zwecken. Durch die Teilung der Tür ließ sich bei geschlossener unterer Hälfte das Kleinvieh draußen halten, während zugleich der geöffnete obere Teil für Licht und Belüftung sorgte.

sollten, behandelt werden. Ich habe in der ganzen Umgebung von Hamburg keine so interessanten und vorbildlichen Fensterlösungen gefunden wie in Blankenese. Was von Architekten und Maurermeistern an die Stelle gesetzt worden ist und noch gesetzt wird, hat den gediegenen Charakter des Ortes schon theilweise zerstört. Es ist alles nichts weiter als schwächliche, geschmacklose Nachahmung schlechter Hamburger und Berliner Vorbilder. Daß der weiteren Verwüstung des Charakters von Blankenese Einhalt geschieht, ist nicht bloß eine Frage des Geschmacks, sondern auch der Wohlfahrt. Je origineller im Sinne des alten Blankenese der Ort bleibt, desto größer wird seine Anziehungskraft sein."

Glücklicherweise haben viele alte Fischerhäuser am Hang ihren Charakter durch die Zeiten bewahrt. Hier ein Foto von der Panzerstraße aus dem Jahr 1963.

Lichtwark war ein Kind der Gründerzeit. Als kritischer Zeitgenosse warnte er vor den Stilbrüchen des Historismus, der mit neubarocker Prächtigkeit auch vor Blankenese nicht haltmachte. Wer heute am Krumdal, am Bremers Weg, am Mühlenberg, an der Panzerstraße, am Steilen Weg, an der Blankeneser Hauptstraße, am Strandweg und an der Elbterrasse nach einem „Twee-" oder „Dreehus" sucht, findet die historischen Fischerbehausungen oft in abenteuerlicher Nachbarschaft. Ohne Rücksicht auf die bauliche Eigenart der Häuser stehen da drei oder vier Baugenerationen Wand an Wand – ganz abgesehen von dem Tort, den man den alten Häusern hier und da mit Veluxfenstern, Glasbausteinen, Jägerzaun und Aluminiumtüren angetan hat.

Die ersten baulichen Veränderungen brachte die Zeit nach den Napoleonischen Kriegen. Die Kontinentalsperre, die von 1806 bis 1814 dauerte, hatte die Fischerfamilien in Armut gestürzt. Dem Fischereiwesen ging

Eine der schönsten Aufnahmen des Blankeneser Strandes stammt von 1890. Im Vordergrund, am Rand des Flutsaums, liegt die „Miranda von Cranz“, dahinter ist der Süllberg mit Turm und Restaurant zu sehen, und links im Bild die markante Silhouette der sogenannten Elbburg.

Ein Blankeneser Ewer ist vor dem Strand in Höhe des heutigen „Strandhotels“ trockengefallen. So war es möglich, die Schiffe mit Pferdefuhrwerken anzufahren und sie zu be- und entladen (Foto um 1890).

es zusehends schlechter. Dafür suchten die Blankeneser mit Erfolg ihr Auskommen in der Frachtschifffahrt. Eine Domäne wurde der Fruchthandel. Ein „Fruchtjager“, wie die Schiffe genannt wurden, brachte seine Ladung Südfrüchte von Sizilien durch die Straße von Gibraltar und den Ärmelkanal in rund 30 Tagen nach Hamburg. In den Annalen der Reedereien ist nachzulesen, dass die Blankeneser Flotte im Jahr 1842 aus 243 seetüchtigen Schiffen bestand. Mit Stolz wurde vermerkt, dass 1866 an einem einzigen Tag 42 Schiffe aus Blankenese im Hafen von Rio de Janeiro vor Anker lagen.

Die veränderte Sozialstruktur prägte in der Folge auch das Erscheinungsbild des ehemaligen Fischerdorfs. Den Häusern im dänischen und im Biedermeierstil, die sich Reeder, Kapitäne, Schiffsbauer und Lotsen bauen ließen, folgten Villen und – vor allem im Hinterland – ganze Häuserzeilen in der Mode des Historismus und des Jugendstils. Es entstand eine reich geschmückte, noble Architektur.

Im Zweiten Weltkrieg blieb Blankenese weitgehend von Bomben verschont. Doch die „Freie und Abriß-Stadt Hamburg“ (Lichtwark), die das seit 1927 zu Altona gehörende Blankenese 1937 durch das Groß-Hamburg-Gesetz eingemeindet hatte, machte auch hier nach 1945 ihrem Namen alle Ehre. Viel alte Bausubstanz, der man heute nachtrauert, wurde damals zerstört.

Wer sich für zeitgenössische Architektur interessiert, findet westlich vom Baurs Park drei bemerkenswerte Beispiele: das preisgekrönte Ensemble der beiden von den Architekten Angelika Wacker und Ulrich Zeiger, Hamburg, entworfenen Häuser, geprägt durch Holz-

Dieses zeitgenössische Gebäude der Architekten Wacker/Zeiger am Baurs Weg präsentiert sich kompromisslos modern und fügt sich gut in die Kleinteiligkeit des Treppenviertels ein.

Heftig umstritten ist nicht die Qualität des von David Chipperfield gebauten Hauses, sondern seine Lage am Ende der Lindenallee beim Baurs Park.

und Glaselemente, nebenan das von dem Londoner Architekten David Chipperfield gezeichnete Wohngebäude aus ockerfarbenem Backstein und geradeaus das von Cäsar Pinnau, Hamburg, errichtete, inzwischen umgebaute Oktogon im Stil einer Neorenaissance.
Als der Kunsthistoriker Alfred Lichtwark 1897 vor der Zerstörung des alten Blankenese warnte, war das Fischerdorf längst zum vornehmen Luftkurort vor den Toren von Hamburg und Altona avanciert. Die Großstädter hatten die Vorzüge des Wohnens im Grünen entdeckt. Wer sich ein Häuschen oder eine Villa in Blankenese nicht leisten konnte, genoss die frische Luft am Blankeneser Sandstrand als Sonntagsausflügler. Man kam übers Wasser – damals existierten in Blankenese fünf Fähranleger (Mühlenberg, Op'n Bulln, der heute noch in der Elbe liegt, der Anleger für die Stader Dampfer, der Süllberg-Anleger und der bei Harmstorf) – oder reiste mit dem Zug an. Die Eisenbahnverbindung zwischen Altona und Blankenese gab es seit dem Sommer 1867. Vier Züge gingen täglich nach Blankenese ab. An schönen Sommersonntagen waren sie meist hoffnungslos überfüllt. Seit 1899 gab es zusätzlich eine Straßenbahnlinie, die aber schon 1921 ihren Dienst wieder einstellte. Mit der Kutsche oder später im Auto reisten die feineren Herrschaften an.
Während heutzutage andere Vororte an Feiertagen in Sonntagsschlaf fallen, wird es in Blankenese richtig munter. Auch die Kirche am Markt ist dann gut besucht. Das 1895/96 errichtete rote Backsteingebäude – vorher mussten die Blankeneser und Dockenhudener sonntags nach Nienstedten zur Kirche wandern – besitzt heute mit dem neuen Gemeindesaal ein lebendiges Veranstaltungszentrum.

Zwischen 1899 und 1921 pendelte eine einspurige Straßenbahn zwischen Altona und Blankenese. Die Endstation befand sich noch auf Dockenhudener Gebiet vor dem Hotel „Zur Johannesburg“ an der Elbchaussee, Ecke Mühlenberger Weg (Postkarte um 1910).

Das zwischen 1864 und 1867 errichtete Blankeneser Bahnhofsgebäude gehört zu den ältesten Eisenbahnstationen Hamburgs.

Von 1911 bis 1914 verkehrte die gleislose Bahn Blankenese–Marienhöhe im Oberleitungs-Busbetrieb.

Vom Hohen Weg, der parallel zur Blankeneser Hauptstraße verläuft, hat man einen beeindruckenden Blick auf die Elbe und hinüber ins Alte Land.

Die im August 1896 eingeweihte neogotische Blankeneser Kirche am Markt.

Ein Bus der Linie 48, genannt „Bergziege“, dreht – beginnend am S-Bahnhof über den Strandweg zurück zum Ausgangspunkt – seine Runden durch die engen Straßen von Blankenese.

Nach dem Umbau des Bahnhofsvorplatzes mit seinen gewöhnungsbedürftigen Neubauten ist wenigstens das Bahnhofsgebäude von 1867 erhalten geblieben.

Wer einmal bei „Lühmanns" gegenüber dem Goßlerhaus Tee oder Kaffee getrunken und dazu den hausgemachten Kuchen oder die Scones probiert hat, der kommt garantiert wieder.

Dienstags, freitags und samstags ist Markttag. Auf dem kleinen Platz an der Blankeneser Backsteinkirche stehen die Stände dichtgedrängt. Das Angebot an Obst, Gemüse, Blumen, Käse, Brot und Wurst ist reichhaltig. Allein das Schauen und Riechen ist ein Vergnügen und erst recht der Klönschnack mit Bratwurst in der Hand.

Der Wochenmarkt grenzt an die Blankeneser Bahnhofstraße, die Einkaufsstraße des schönen Elbvororts.

Witts Allee (oben und rechts) ist ein Beispiel für die noble, homogene Bebauung der Straßen östlich der S-Bahn mit Einfamilienhäusern und Villen aus der Gründerzeit. Hier wohnt man ruhig und gediegen. Wie viele Straßen, Wege und Treppen ist auch diese nach dem Vorbesitzer des Geländes benannt, dem Reeder Johann Peter Witt (1838–1905), der die Grundstücke hatte parzellieren lassen.

Um die Wende zum 20. Jahrhundert entdeckten die Großstädter die Vorzüge des Wohnens im Grünen. Auch in Blankenese entstanden nun ganze Häuserzeilen in der Mode des Historismus, des Jugendstils und im Heimatstil der Gründerzeit – wie hier in der Caprivistraße.

Durch die engen Straßen von Blankenese und durch die steilen Gassen des Treppenviertels dreht seit 1959 auf Initiative von Grete Nevermann, der Gattin des späteren Ersten Bürgermeisters Paul Nevermann, die „Bergziege“ ihre Runden. Die Busse der Linie 48 sind kleiner als normale Fahrzeuge, dafür meistern sie die Berg- und Talfahrt besser. Ein tägliches Abenteuer für Fahrer und Gäste. Denn ohne Vorwarnung wird der Bustransfer zur steilen Abfahrt. Bedrohlich neigt sich das Gefährt in den engen Kurven, rechts und links alte Häuserreihen mit schiefen Mauern, fast streift das Dach einen tief hängenden Balkon.

Vor allem wo Falkensteiner Ufer und Strandweg aufeinandertreffen, nimmt die Blankeneser „Bergziege“ Anlauf, um den Waseberg, an dem selbst die Weltklasse-Radfahrer einmal im Jahr bei den Cyclassics verzweifeln, hochzukommen. Glücklicherweise wurde dieser Kleinbus, den es nur in Blankenese gibt, noch nicht eingespart – ein Segen für die vielen alten Menschen, die auf ihn angewiesen sind. Auch Ausflügler können sich so die Mühe des Treppensteigens ersparen.

Immer häufiger heißt es seit den 1970er-Jahren an Hamburgs schönster Promenade „Land unter“. Nicht mehr nur im Winter, sondern auch im Sommer tritt der große Strom über seine Ufer. Schuld daran soll die Eindeichung der Elbe sein, die nach der verheerenden Sturmflut von 1962 mit Macht betrieben wurde.

Es ist jedesmal ein dramatisches Schauspiel, wenn die Elbe den Strand, die Gärten und den Strandweg bis zu den Häusern in der ersten Reihe vereinnahmt. Dann ist der Strom ein Meer, aus dem Büsche und Bäume herausragen, manchmal auch ein Auto, das von seinem

Die verheerende Sturmflut von 1962 richtete auch in Blankenese große Schäden an.

Folgende Doppelseite: Immer wieder steigt bei lang anhaltendem Sturm die Elbe über ihre Ufer, so auch bei der schweren Sturmflut von 1926, bei der der überdachte Strandgarten des Mönchshofes auf der Höhe Strandweg 36 schwer in Mitleidenschaft gezogen wurde.

Wie der Rest einer untergegangenen Stadt ragt der Bulln, der Fähranleger, bei Sturmflut, so wie hier 1971, aus dem aufgewühlten Elbwasser.

Hochwasser, Sturmflut und Land unter. Auf dem historischen Foto wird das Drama auch vom Wasser aus verfolgt.

Besitzer nicht rechtzeitig in Sicherheit gebracht wurde. Bei der bis heute höchsten Sturmflut vom 3./4. Januar 1976 stieg der Pegel auf 6,45 Meter über Normalnull (St. Pauli-Landungsbrücken). Was das bedeutet, ist an den Markierungen abzulesen, die an mehreren Stellen den historischen Höchststand anzeigen. Neue Flutschutzmauern und manchmal sogar zugemauerte Fenster haben die Häuser an der Promenade seitdem nicht schöner gemacht, aber sicherer.

Die Schrecken des Wassers macht die Elbe wett durch Sonnenuntergänge, die sich kupferrot, silbergrau, orange glühend auf dem Wasser spiegeln. Oder durch Vollmondnächte, die die Wellen wie Diamanten funkeln lassen.

Es ist jedes Mal ein dramatisches Schauspiel, wenn die Elbe den Strand und den Strandweg bis zu den Häusern in der ersten Reihe überflutet. Dann ist der Strom ein Meer. Der abgebildete Strandgarten des bereits 1900 eröffneten Mönchshofes am Strandweg war auch während der Flut 1926 stark gefährdet.

Landvillen und Parks

Um 1800 gab es noch mehrere Schmiede am Ort. Sie beschlugen unter anderem die Pferde, die damals die ersten Sommergäste nach Blankenese brachten. Vornehme Gäste. Es war die Zeit, als an der Elbchaussee die Kette feiner Landvillen im italienischen Stil entstand. Wohlhabende Kaufleute aus Hamburg und Altona entdeckten die Vorzüge des sommerlichen Lebens auf dem Lande. Für ihre exklusiven Häuser auf den Hügeln hoch über der Elbe, mit Blick auf den weiten Strom, engagierten sie Architekten, deren Geschmack am Vorbild der Villen des italienischen Baumeisters Andrea Palladio (1508–1580) geschult war. Wichtigster Vertreter dieser klassizistischen Architektur wurde an der Elbe Christian Frederik Hansen (1756–1845). Hansen trug entscheidend zu einer der schönsten Seiten bei, von denen sich Blankenese heute zeigen kann: Die Landvillen und Parks, die nach Entwürfen des Architekten hier entstanden, sind ein wahrhaft attraktives hochherrschaftliches Pendant zu den Fischer- und Schifferhäusern und ihren kleinteiligen „hängenden Gärten" im Treppenviertel.

Zeitgenössisches Porträt des königlich dänischen Landbaumeisters Christian Frederik Hansen (1756–1845).

Einer der ersten Auftraggeber des 1784 aus Kopenhagen ins holsteinische Altona umgesiedelten Architekten Christian Frederik Hansen war der Hamburger Kaufmann Johan Cesar IV Godeffroy (1742–1818), Sprössling einer im 18. Jahrhundert aus Frankreich eingewanderten Hugenottenfamilie. Godeffroy ließ sich von 1789 bis 1792 im heutigen Hirschpark ein Landhaus errichten, das durch seine Schlichtheit besticht. Mit der Inschrift „Der Ruhe weisem Genuss" gab er das Motto für seinen Landsitz kund – was ihn aber nicht hinderte, hier auch im Winter großartige Feste zu feiern, während in den anderen Elbvillen nur im Sommer

Leben herrschte. Zu einem der legendären Winterfeste Godeffroys reisten die Herrschaften bei zugefrorener Elbe mit dem Pferdeschlitten an. Was wiederum die Blankeneser Schmiede in Lohn und Brot setzte.

Die Konkurrenz herrlicher Baumriesen im Hirschpark ist groß. Die berühmte doppelreihige Lindenallee ist sowieso älter als das Landhaus. Sie wurde gepflanzt, als noch ringsum Bauernland war und der Park im englischen Stil nicht existierte. Traumhaft schön ist auch die von dem Enkel Johan Cesar VI (1813–1885) angelegte weit geschwungene Rhododendronallee, deren Sträucher im späten Frühling in vielen Farben blühen. Das benachbarte Hirschgehege gab dem Park seinen Namen: Damwild, Pfauen und Kaninchen entzücken die Spaziergänger.

Eher grummelig schaut der Schriftsteller, Orgelbauer und Naturforscher Hans Henny Jahnn (1894–1959) drein, an den eine Gedenktafel an der Giebelwand des reetgedeckten Kavaliershauses in der Nachbarschaft des Godeffroy'schen Herrenhauses erinnert. Bis zu seinem Tod hatte Jahnn hier sein Domizil. Sein „Blankeneser Kreis", eine Mischung aus Literaten und Käuzen, ist Legende geworden. Heute scheint der Geist von Hans Henny Jahnn ganz und gar gewichen aus dem ehemaligen Kavaliershaus, das so alt ist wie der Godeffroy'sche Landsitz. Das sogenannte „Witthüs" ist jetzt ein kleines, feines Lokal, in dem man sich ein bisschen „wie verreist" fühlt.

Ein weiteres von Christian Frederik Hansen gebautes Herrenhaus versteckt sich nach der Linkskurve unweit des Hirschparks, die das Blankeneser Finale der Elbchaussee einleitet. Hinter Büschen verbirgt sich links das „Weiße Haus", heute in Privathand.

Der Schriftsteller Hans Henny Jahnn (1894–1959) besaß viele Talente. Im heutigen „Witthüs" im Hirschpark, das ihm die Stadt Hamburg als Unterkunft zur Verfügung gestellt hatte und das Jahnn bis zu seinem Tod bewohnte, hatte er sich eine Orgelwerkstatt eingerichtet.

Linke Seite: Die Lindenallee im Hirschpark schließt sich wie ein grüner Dom über den Spaziergängern. Die Bäume wurden vor etwa 300 Jahren in doppelter Reihe gepflanzt – zu einer Zeit, als hier noch Bauernland war und niemand auch nur im Traum an die Parklandschaft dachte, die heute aufs Schönste das hohe Ufer prägt.

Entlang der doppelreihigen, wohl an die 300 Jahre alten Lindenallee erstrecken sich wahre Rhododendronwälder, die bis heute eine der Attraktionen des Hirschparks sind. Mitte des 19. Jahrhunderts ließ Johan Cesar VI Godeffroy 1200 dieser immergrünen Gehölze mit ihren (im Hirschpark vor allem lilafarbenen) Blüten in seinen Ländereien anpflanzen.

Einmalig in der Parklandschaft Hamburgs ist das Hirschparkgehege. Wo heute nur noch 19 Damhirsche sowie einige Gänse und Pfauen die Besucher erfreuen, hielt Johan Cesar VI Godeffroy einst rund 50 Damhirsche sowie Geflügel aller Art.

Der Erbauer des klassizistischen Herrenhauses im Hirschpark war Christian Frederik Hansen, der 1784 von Kopenhagen nach Altona umgesiedelt war. Seinen Auftrag bekam er von dem Hamburger Reeder Johan Cesar IV Godeffroy, der auch den Park im englischen Stil anlegen ließ. Heute tanzen in dem Herrenhaus die Studentinnen und Studenten der Lola-Rogge-Schule.

In dem reetgedeckten ehemaligen Kavaliershaus neben dem Godeffroy'schen Landsitz kann man heute im „Witthüs" essen und trinken und bei gutem Wetter auf der Terrasse den Blick auf den Park genießen.

Verborgen hinter hohen Büschen liegt an der Elbchaussee Nummer 547 das um 1790 von Christian Frederik Hansen für den Hamburger Kaufmann Peter Godeffroy gebaute „Weiße Haus“, das sich in Privatbesitz befindet.

Der Erste, der seinen Park, wenn auch nicht sein Landhaus, für die Öffentlichkeit freigab, war der Kaufmann Georg Friedrich Baur (1768–1858). Mit Hilfe des französischen Gartenarchitekten Joseph Jacques Ramée (1764–1842) schuf er kurz nach 1800 in Blankenese einen Park, der an der Elbe nicht seinesgleichen hatte. Aus dem Alten Land am gegenüberliegenden Elbufer ließ er mit Schuten Erde anfahren und einen anmutig geschwungenen Landschaftsgarten anlegen, in dem sich eine künstliche Ruine, ein gotischer Turm und eine chinesische Pagode verbargen. Mitten im Park ließ er den Kanonenberg aufschütten und begrüßte seine einlaufenden Schiffe mit Böllerschüssen.

Wesentlich verkleinert und längst ohne allen architektonischen Zierrat ging Baurs Park 1939 in den Besitz der Stadt Hamburg über. Heute ist dieses so harmo-

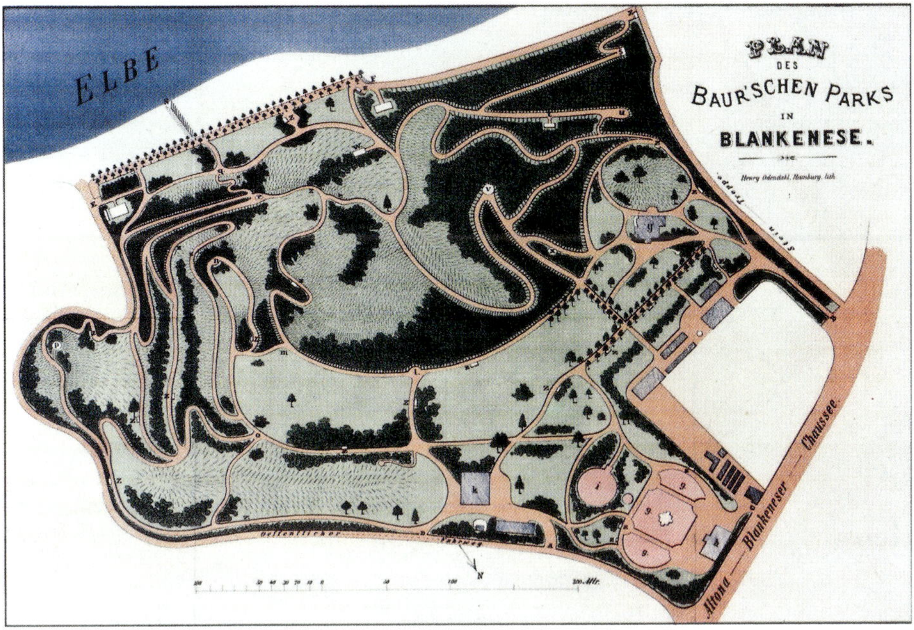

Plan des romantischen „Baur'schen Parks" an der Altona-Blankeneser Chaussee (heute Elbchaussee). Zustand um 1880.

„Katharinenhof" heißt das Herrenhaus im Baurs Park nach der Frau eines Nachbesitzers von Commerzienrat Baurs Anwesen, der das Landhaus, das heute seiner Neubestimmung harrt, im ersten Drittel des 19. Jahrhunderts errichten ließ.

Vorangehende Doppelseite: Das elegante eiserne Geländer, das den Elbuferweg säumt und heute unter Denkmalschutz steht, wurde in den 1830er-Jahren von dem Bildhauer Winck für Georg Friedrich Baur entworfen.

nisch mit einer Rasenfläche, Bäumen und Büschen besetzte Fleckchen Erde fast ein Geheimtipp. Hier kann man in Ruhe auf den Parkbänken lesen und sich sonnen. Höchstens spielende Kinder, tobende Hunde oder eine Familie beim Picknick leisten einem Gesellschaft. Mehr tut sich hier nicht – abgesehen von der kurzen Zeit, wenn im Baurs Park die Rodelsaison ausbricht. Die Pracht, die der Kaufmann Baur hier vor 200 Jahren inszenieren ließ, ist nur noch unten am Strand zu ahnen, wo das unter Denkmalschutz stehende Gitter aus Baurs Zeit den Park vom Elbuferweg vor dem Gelände des Blankeneser Segel-Clubs abgrenzt.

Baurs Landhaus oben im Park ist ein Entwurf von Johann Matthias Hansen, der ein Neffe des berühmten Christian Frederik Hansen war. Den heutigen Namen „Katharinenhof" erhielt das Gebäude erst in den 1920er-Jahren. Namensgeberin war die Frau des damaligen Besitzers.

Wer ein Christian-Frederik-Hansen-Gebäude von innen sehen will, muss zum Krähenberg, westlich vom Blankeneser Bahnhof, wandern. Auf dem steilen Hügel liegt das Landhaus Goßler. Es sieht zwar so repräsentativ aus, als sei es ein Rathaus, ist jedoch keines. Denn die Landgemeinde Blankenese hat nie ein Rathaus besessen. Diese Villa auf dem Hügel entstand 1794 etwa zeitgleich mit dem Godeffroy'schen Landhaus im Hirschpark. Bauherr war der in Hamburg ansässige englische Kaufmann John Blacker. Später wurde das Haus von dem Kaufmann Johann Heinrich Goßler (1805–1879) übernommen. Heute hat hier die Bucerius Law School ihr Tagungs- und Gästehaus. Der Gartensaal steht für Trauungen zur Verfügung, und eine kleine Horst-Janssen-Bibliothek zeigt,

Architekt des Landhauses Goßler war Christian Frederik Hansen, der es um 1794 für den englischen Kaufmann John Blacker im klassizistischen Stil erbaute. Benannt ist das Landhaus nach dem Hamburger Kaufmann John Henry Goßler (1849–1914). Er erwarb es 1897 und ließ den ehemals eingeschossigen Fachwerkbau 1901 nach einem Brand zweigeschossig und aus Stein wieder aufbauen.

Die restaurierten Bauhaus-Villen am Goßlers Park sind schöne, aber auch rare Beispiele für die architektonische Moderne in Blankenese.

Hinter dem Tor am Wilmans Park verbirgt sich die 1926 errichtete „Villa Jako". Der Modezar Karl Lagerfeld, in dessen Besitz das Anwesen sechs Jahre lang war, hat einen Bildband über die Villa veröffentlicht.

wie gut der Zeichner auch mit der Sprache umgehen konnte.

Am Wilmans Park wehrt ein mächtiges Portal neugierige Blicke auf ein pompöses Haus ab, das in den 1990er-Jahren kurzfristig ins Scheinwerferlicht geriet. Der in Hamburg geborene und aufgewachsene Pariser Modezar Karl Lagerfeld hatte die „Villa Jako" erworben und richtete sie aufs Edelste nach seinem Geschmack ein, verkaufte sie aber bald wieder.

Treu geblieben sind die Warburgs ihrem Blankeneser Refugium. Die Hamburger Bankiersfamilie, seit Generationen an der Alster ansässig, erwarb 1897 ein Anwesen am Kösterberg, auf dem sich 100 Jahre zuvor der Hamburger Auktionator Hinrich Jürgen Köster angesiedelt hatte. Die danach errichteten Landhäuser von Moritz M. Warburg (1838–1910) und seinem Sohn Max (1867–1946), der aufgrund seiner jüdischen Herkunft 1938 hatte emigrieren müssen, wurden nach dem Zweiten Weltkrieg Zuflucht für Waisenkinder, die aus den Konzentrationslagern befreit worden waren. 1948 gab die Stadt Hamburg den Kösterberg der Familie Warburg zurück. Im Gegenzug wurde der

Der Römische Garten im italienischen Stil ist ein Solitär in der Reihe der ansonsten von englischen Landschaftsgärten geprägten Parks an der Elbe.

Else Hoffa (1885–1964) hat ab 1913 als Obergärtnerin der Warburgs mit der Anlage des Römischen Gartens in Blankenese einen frühen Beitrag zur Hamburger Reformgartenkunst geleistet.

Am Falkensteiner Ufer, in unmittelbarer Nähe zum Römischen Garten, liegt das Altonaer Wasserwerk, das 1859 in Betrieb genommen wurde, heute aber nicht mehr genutzt wird.

Renaturierter Speicher vor dem Altonaer Wasserwerk. Hier sind eigene Biotope entstanden, an die östlich (siehe Foto oben) ein 2011 neu angelegter Elbpark angrenzt.

Römische Garten, den die Warburgs nach dem Tod des Vorbesitzers Ludwig Anton Julius Richter (1836–1909), des Gründers der Holstenbrauerei, erworben hatten, der Öffentlichkeit ab 1953 zugänglich gemacht.

Die aus Terrasse, Rosengarten und Naturtheater bestehende Anlage ist in der Reihe der Landschaftsgärten im englischen Stil an der Elbe eine kapriziöse Ausnahme. Der Garten erscheint wie ein heimlicher italienischer Winkel hoch über der Elbe. Inspiriert von den Villengärten der Toskana und der römischen Campagna, geben ihm Zypressen, Zedern und eine Girlandenhecke seine ganz eigene mediterrane Atmosphäre. Eine zentrale erhöhte Sitzanlage, ein Rasenparterre mit Wasserbassin und der Blick weit über die Elbe ins Alte Land sowie nicht zuletzt das tiefer gelegene Heckentheater machen den Römischen Garten zu einem Lieblingsplatz für Romantiker. Über den Elbewanderweg, der durch den Park führt, sind im Norden Schinckels Park und im Osten der Bismarckstein zu erreichen.

Einfacher ist der Weg abwärts zum Falkensteiner Ufer. Falkenstein? Auf diesen Hügeln hatte der Überseekaufmann, Reeder und Werftbesitzer Johan Cesar VI Godeffroy sein Jagdrevier. Das Wappentier der Godeffroys war der Falke. Johan Cesar VI, der zu seiner Zeit wegen seines Handelsimperiums „König der Südsee" genannt wurde, ließ das Gelände aufforsten.

Ein Zeitgenosse des Großunternehmers Godeffroy war Berater bei der Anlage des Wasserwerks, das mit seinem backsteinroten gotisierenden Gemäuer heute am Falkensteiner Ufer die Neugier der Spaziergänger weckt. Der Londoner Ingenieur William Lindley (1808–1900) war als Eisenbahnkonstrukteur an die

Elbe gekommen. Beim Wiederaufbau Hamburgs nach dem Großen Brand von 1842 wirkte er in der Technischen Kommission mit. Er entwarf eine zentrale Trinkwasserversorgung und ein Sielsystem für die Hansestadt, die damals als technisch wegweisend galten. Das 1859 in Betrieb genommene Altonaer Wasserwerk mit Pumpstation und Arbeiterwohnhäusern am Falkensteiner Ufer sowie der Filtrieranlage auf dem 92 Meter hohen Baurs Berg ist heute als industrielles Ensemble noch unverändert. Vom Baurs Berg, der höchsten Erhebung der Elbvororte, werden Blankenese, Nienstedten, Othmarschen, Groß Flottbek, Osdorf, Iserbrook, Sülldorf, Lurup, Schenefeld und ein Teil von Bahrenfeld mit Trinkwasser versorgt, das aus Grundwasser gewonnen wurde.

Herausragende Architektur ganz anderer Art findet sich eher am Rande, zum Beispiel im Sven-Simon-Park am Falkenstein, Grotiusweg 79. Dort errichtete einer der begabtesten Hamburger Architekten, Karl Schneider (1892–1945), ein Schüler von Walter Gropius und Peter Behrens, in den Jahren 1921/24 das Haus Michaelsen. Die weiß geschlämmte Backsteinvilla mit ihren strengen kubischen Formen, dem hohen Turm und der Terrasse ist eines der bedeutendsten Zeugnisse des Neuen Bauens in Hamburg. Nach dem Zweiten Weltkrieg, im Besitz des Verlegers Axel Springer, verfiel das Gebäude zur Ruine. Mit dem Löwenmut, der in Blankenese immer wieder dringend gebraucht wird, nahm sich die Galeristin Elke Dröscher Mitte der 1980er-Jahre der Villa an. In restauriertem Zustand dient der Schneider-Bau heute als Galerie mit wechselnden Präsentationen moderner Kunst und – im Erdgeschoss – als Puppenmuseum.

Das Landhaus Michaelsen im Sven-Simon-Park ist das wichtigste erhaltene Gebäude des Hamburger Architekten Karl Schneider (1892–1945).

In dem oben gezeigten Landhaus hat Elke Dröscher ein Puppenmuseum und eine Galerie für moderne Kunst eingerichtet. Diese englische Wachskopfpuppe von 1865 hält zwei deutsche Porzellanpüppchen in den Armen, die aus der Zeit um 1900 stammen.

Der Kleinkosmos Mühlenberg

Das Mühlenberger Tal, etwa um 1850. Erst nach der Aufteilung des Godeffroy-Besitzes und der Zuschüttung der oberen Teiche soll die heutige Straße Mühlenberg um 1877 gebaut worden sein. Zuvor war der Mühlenberg nur über die Panzerstraße mit Blankenese verbunden.

Dicht von Häusern umstanden, liegt der Mühlenteich verborgen unterhalb des Hirschparks am Mühlenberg. Er soll über mehr als 60 unterirdische Quellen verfügen, die seine Wassertemperatur bei gleichbleibend 7° Celsius halten. Er friert daher auch bei Minusgraden nicht zu.

Unweit des westlichen Eingangs zum Hirschpark erstreckt sich ein zunächst enges, dann sich zur Elbe hin öffnendes Tal, das bereits im 15. Jahrhundert besiedelt wurde. Der Mühlenberg erhielt seinen Namen von einer Wassermühle, die am Mühlenteich unterhalb des Hirschparks stand. Der heute hinter Wohnhäusern versteckt liegende Teich ist ein Naturphänomen. Auch in strengen Wintern bildet sich auf der von unterirdischen Quellen gespeisten Oberfläche kein Eis. Neben dieser bis 1847 mit Wasser- und danach bis 1880 mit Dampfkraft betriebenen Mühle sollen auf

Wie eng die Bebauung von Blankenese oft sein kann, demonstriert dieses Foto vom Mühlenberg. Und es zeigt auch, dass roter Backstein ein bevorzugtes Baumaterial an der Elbe ist. Das gut erhaltene „Tweehus" an der Einmündung zum Weg „Am Abhang" wird von seinen jetzigen Bewohnern liebevoll gepflegt.

Timmermanns Gastwirtschaft am Mühlenberg auf einer Ansichtskarte um 1900 war seinerzeit ein richtiger Landgasthof, dem auch eine Schlachterei angeschlossen war. Das Haus Mühlenberg 58 gibt es noch heute, allerdings hat sich sein Aussehen stark verändert.

Rechte Seite: Der Weg „Am Abhang" führt vom Mühlenberg hinauf zum Baurs Park. Vermutlich wurde dieses zweigeschossige reetgedeckte Fachwerkhaus vor 1715 erbaut. In den 1960er-Jahren wurde es unter Denkmalschutz gestellt.

der Geesthöhe des Mühlenbergs noch Windmühlen gestanden haben.

Nach dem Dreißigjährigen Krieg (1618–1648) begannen sich in dem stillen Tal auch Fischer aus Blankenese anzusiedeln. Damals gab es noch den Mühlengraben, der sich vom wald- und wasserreichen Baurs Berg über die heutige Friedrich-Legahn-Straße und Ole Hoop schlängelte, um sich dann hinter dem heutigen „Weißen Haus" an der Elbchaussee in die Schlucht zum Mühlenberger Tal zu stürzen. Doch er versiegte nach der Bebauung seiner Quellregionen bereits vor 1790.

Blick von der Ostseite des Mühlenbergs hinüber zum Abhang, Foto um 1952.

Rechte Seite: Die Panzerstraße ist eine der idyllischsten Treppen am Mühlenberg mit noch gut erhaltenen reetgedeckten Fachwerkhäusern. Zwischen den dicken Findlingsmauern, die die Gärten der alten Häuser abstützen, blühen im Frühjahr und Sommer die schönsten Blumen.

Zu dieser Zeit waren die am Mühlenberg lebenden Fischer – bei der Registrierung der Fischerfahrzeuge nach 1884 erhielten sie sogar ihre eigene Buchstabenkombination, SM (Schleswig-Mühlenberg) – schon zu einem gewissen Wohlstand gekommen, der sich in den teilweise bis heute erhaltenen reetgedeckten Häusern widerspiegelt. Etwa in der Mitte des Mühlenbergs (Nummer 42/44) liegt ein noch gut erhaltenes „Tweehus", das von seinen jetzigen Bewohnern wie alle erwähnten Häuser liebevoll gepflegt wird. Nur wenige Meter davon entfernt steht Am Abhang 3/5 ein größeres zweigeschossiges, ebenfalls reetgedecktes Fachwerkhaus, das vermutlich vor 1715 erbaut wurde und dessen Erstbewohner über der alten Eingangstür vermerkt sind. Seit den 1960er-Jahren steht es unter Denkmalschutz.

Fast am Ende des Mühlenbergs zweigt rechts unten die Panzerstraße ab, die eigentlich Pansenstraße heißen sollte, weil hier früher ein Schlachter wohnte, der Pansen zum Trocknen und als Zeichen einer frischen Schlachtung vor seiner Haustür aufzuhängen pflegte. Auch an diesem schmalen, mit vielen Stufen versehenen Weg, der zum Baurs Park hinaufführt, stehen einige gut erhaltene und stilvoll restaurierte Fischerhäuser – wie das Fischerhaus Nummer 6, das um 1800 erbaut wurde, das „Tweehus" Nummer 10/12, ein Fachwerkbau von 1732, das Doppelhaus Nummer 11/13, das zum ersten Mal in den Schuld- und Pfandprotokollen des Jahres 1707 erwähnt wird, sowie das reetgedeckte „Tweehus" Nummer 14/16, das erstmalig im Ortsplan von 1786 auftaucht.

Am unteren Ende des Mühlenbergs weitet sich der Blick auf die Elbe und das Mühlenberger Loch. Bis

Ein frühes Foto vom Mühlenberg zeigt ganz rechts – durch Büsche und Bäume verdeckt – die ehemalige Dampf- und Wassermühle von Johann John, die später dem „Elbkurhaus“ weichen musste. Daneben das O'Swald'sche Haus.

Fabrikanlagen am Mühlenberger Elbufer vor 1905. Glücklicherweise kaufte in diesem Jahr der Tapetenkönig Wilhelm Iven die inzwischen verfallenen Anlagen und errichtete das mondäne Hotel und Restaurant „Elbkurhaus“, das auf Seite 120 oben im Hintergrund zu sehen ist.

Fast am Ende des Mühlenbergs, wo dieses 1732 erbaute Blankeneser „Tweehus“ steht, zweigt die Panzerstraße ab.

Teilansicht des Yachthafens des Mühlenberger Segel-Clubs. Im Hintergrund die nach dem Abriss des „Elbkurhauses" in den 1950er-Jahren erbaute Wohnanlage des Hamburger Architekten Cäsar Pinnau.

zwei Jahre nach der verheerenden Sturmflut von 1962, die in Hamburg 315 Menschen das Leben kostete, mündete die Süderelbe in diese riesige Süßwasserwattfläche, die von Ebbe und Flut, dem Rhythmus der Gezeiten, bestimmt wird. Hier ist der große Strom bereits fast drei Kilometer breit.

Getrübt wird das Naturerlebnis durch die Erweiterung der Anlagen des Airbus-Werkes, durch die ein Teil des Mühlenberger Lochs wirtschaftlichen Interessen weichen musste. Doch noch immer tummeln sich bei Flut die Jollen und Segelboote auf der weiten Wasserfläche. Nach der großen Flut von 1962 wurden auf Initiative des Mühlenberger Segel-Clubs sowohl der größere Jollenhafen am Mühlenberg (circa 245 Liegeplätze) als auch der etwas kleinere Jollenhafen (circa 30 Liegeplätze) unterhalb von Baurs Park von der Stadt Hamburg gebaut. Das Mühlenberger Loch ist das Segelrevier sowohl des Mühlenberger als auch des Blankeneser Segel-Clubs. Beide Clubs veranstalten auf diesem Revier diverse, zum Teil internationale Segelregatten.

Den an schönen Wochenenden zahlreichen Spaziergängern fällt direkt neben dem Mühlenberger Segel-

Bereits seit 1910 existierte der Dockenhudener Schiffsanleger, der im März 1949 durch einen Sturm zerstört und nicht wieder neu errichtet wurde. Im Hintergrund das ehemalige Hotel „Elbkurhaus“ mit seiner 150 Meter langen Wasserfront zur Elbe.

Der Jollenhafen am Mühlenberg mit seinen 245 Liegeplätzen. Sowohl der Mühlenberger Segel-Club als auch der Blankeneser Segel-Club veranstalten auf der Elbe und im Mühlenberger Loch zum Teil internationale Segelregatten.

Club ein mehr als 150 Meter langes Gebäude ins Auge, das auf eine wechselvolle Geschichte zurückblicken kann. Um 1905 kaufte der Hamburger Tapetenkönig Wilhelm Iven die hier zuvor errichteten Fabrikanlagen und gründete das mondäne Hotel und Restaurant „Elbkurhaus", das von 1908 bis 1938 existierte. Selbst Einheimischen ist kaum bekannt, dass sich hier 1946 jüdische Holocaust-Überlebende auf ihre Emigration nach Palästina vorbereiteten. Auf diese in den 1950er-Jahren abgerissene Anlage folgte das vom Hamburger Architekten Cäsar Pinnau errichtete lang gestreckte und ganz in Rosa gehaltene Wohngebäude, das in 20 Eigentumswohnungen unterteilt ist.

Am Ende des Mühlenbergs stand bis zum März 1949 der Dockenhudener Schiffsanleger, der eine wichtige Verbindung zum Altonaer und Hamburger Hafen darstellte, aber leider – nach der Zerstörung durch einen Sturm – nicht wieder neu errichtet wurde.

In diesem Tal hat sich über die Jahrhunderte ein Kleinkosmos erhalten, der den Mühlenberg und die Mühlenberger prägt. Die Grundstücke sind klein, der Nachbar ist nah. Und die großen Containerschiffe und Passagierdampfer, die den Mühlenberg passieren, geben auch diesem etwas verborgenen Teil Blankeneses die Aura, die diesen besonderen Elbvorort zum Wohnen so einmalig schön macht.

Folgende Doppelseite: Blick vom hoch gelegenen Aussichtspunkt im Hirschpark auf den Hafen des Mühlenberger Segel-Clubs und einen Teil des Mühlenberger Lochs. Im Hintergrund die Sietas Werft mit dem davorliegenden Este-Sperrwerk.

Rummelpott, Kreeks und Osterfeuer

Die früheste Erwähnung der Ortschaft Blankenese findet sich in einer Urkunde von 1301. Auf gut 700 Jahre kann der Ort also inzwischen zurückblicken. Rund um den Süllberg gibt man sich gerne traditionsbewusst. Doch viele alte Sitten und Gebräuche sind, wie andernorts auch, weitgehend vergessen. Oder haben Konkurrenz erhalten. Zum Beispiel durch Halloween in der Nacht auf den 1. November. Leider tauchen auch die Rummelpottkinder am Silvesterabend nicht mehr so häufig auf. Verkleidet als Seeräuber, Schweinchen Schlau, Prinzessin, alte Frau, Kaspar, Mohr, Chinese oder Marktweib gehen die Blankeneser Kinder im Dunkeln von Haus zu Haus und singen die Lieder, die ihre Eltern, Großeltern und Urgroßeltern auch schon gesungen haben, damit sich der Gabensack mit Schokolade, Apfelsinen und Plätzchen füllt.
Gustav Kirsten hat die Rummelverse in seinem Buch „Allerlei Interessantes aus Blankenese“ 1924 aufgeschrieben:

Seit Jahrhunderten findet am 31. Dezember in Blankenese das Rummelpottlaufen statt (Foto um 1900).

Rummel Rummel Rusch,
Dat Neejohr sitt in Busch.
Gev mi 'n lütten Appelkoken,
oder ne lüttje Wuss.
Is de Wuss to kleen,
gev mi twee för een.
Is de Wuss to grot,
Smekt se nochmol so god.
En Hus wiider
wohnt de Snieder.
En Hus achter
wohnt de Slachter.
en Hus voran wohnt de Wihnachtsmann.

Am Silvesterabend ziehen verkleidete Kinder von Haus zu Haus, singen die alten Rummelpottlieder und sammeln in ihren Körben Gaben. Der Rummelpott war früher eine über einen Tontopf gezogene Schweinsblase, auf der ein gar schauriger Lärm erzeugt wurde. Heute begnügen sich die Kinder damit, möglichst viel Krach mit Hilfe eines Kochtopfs oder anderer Geräuschverursacher zu machen.

Rummel Rummel Rusch,
Das neue Jahr sitzt im Busch.
Gib mir einen kleinen Apfelkuchen,
Oder eine kleine Wurst.
Ist die Wurst zu klein,
Gib mir zwei statt einer.
Ist die Wurst zu groß,
Schmeckt sie noch einmal so gut.
Ein Haus weiter
wohnt der Schneider.
ein Haus dahinter
wohnt der Schlachter.
Ein Haus vorher wohnt der Weihnachtsmann.

Neben den plattdeutschen gab es auch hochdeutsche Rummelverse:

Hier treten wir her zu einem Spott,
Einen guten Abend, den gebe euch Gott,
Einen guten Abend, ein fröhlich' Neujahr,
Dass euch kein Unglück widerfahr.
Wir wünschen dem Herrn einen goldenen Tisch,
An allen vier Ecken einen gebratenen Fisch,
Wir wünschen der Frau eine goldene Kron,
Zum künftigen Jahr einen neuen Sohn.
Wir wünschen dem Sohn einen neuen Hut,
Zum künftigen Jahr eine junge Brut.
Prost Neujahr!

Vorbei sind die Zeiten, in denen dieselben Kinder dann bei erstem Schnee und Eis im neuen Jahr mit selbst gebauten Kreeks die Blankeneser Hauptstraße bis zum Strand hinunterdonnerten. Kreeks, das waren die schweren Holzschlitten, die mit Hilfe langer Stangen gesteuert wurden. „Rüschen" hieß dies Rodelabenteuer, bei dem die Schlittenhelden mit halsbrecherischer Geschwindigkeit durch die Kurven rauschten.
Heute gibt es nur noch wenige Exemplare dieser heißen Kisten. Am ehesten tauchen die Kreeks noch auf Schinckels Wiese auf, wo sich die besonders mutigen Rodler am Steilhang mit flachem Auslauf treffen. Die mit Wasser präparierte Piste bringt die Schlitten auf Höchstgeschwindigkeit.
Gemütlicher rodelt man im Baurs, Hesse- oder Goßlers Park, wo sich tagsüber die Mütter mit ihren Kleinen ein Stelldichein geben und nachts die Großen noch mal die Abfahrt mit ihren uralten Davos-

Mit den flachen, schweren Kreeks Schinckels Wiese hinunterzurauschen ist bis heute ein besonderer Blankeneser Winterspaß. Die selbstgezimmerten Schlitten werden durch eine lange Stange gesteuert. Eine der beliebtesten Kreekstrecken war in alten Zeiten die heutige Blankeneser Hauptstraße.

Schlitten ausprobieren. Strohballen sorgen am Ende der Piste für weiche Landung.

Weder auf Schinckels Wiese noch im Baurs Park macht sich jemand Gedanken darüber, dass er auf bemerkenswerten erdgeschichtlichen Relikten seinem Vergnügen nachgeht. Wer tief gräbt – wie die Bauarbeiter beim Fundamentieren neuer Häuser am Baurs Weg, im Westen von Baurs Park –, stößt auf eine Steinmoränenschicht mit Findlingen von gewaltiger Größe. Bei Schinckels Wiese befindet sich eine Austernschalenschicht, die ebenso wie die Steinmoräne während der Eiszeit hier zusammengeschoben wurde. Gletscherströme formten im Eiszeitalter vor Tausenden von Jahren die Landschaft der Norddeutschen Tiefebene und ließen dabei auch jene Hügel am Nordufer der Elbe entstehen, auf denen es sich heute so

Die Blankeneser Osterfeuer haben eine lange Tradition. Früher sollten sie helfen, den Winter zu vertreiben und die bösen Geister zu verscheuchen (Foto um 1960).

schön und teuer wohnt. Dass sich hier neben den Altblankeneser Familien scharenweise Neubürger ansiedeln, für die das „Positano an der Elbe" eine Liebe auf den ersten Blick war, ist nur allzu verständlich.
Die traditionellen Osterfeuer sind zum Ärger der Einheimischen seit vielen Jahren zu einer Massenveranstaltung geworden. Aber Ostersamstag, wenn abends am Mühlenberg (im Osten), am BSC, Knüll und Viereck (im Westen) die Flammen am Strand in den Himmel lodern, die Feuer sich im Wasser und in den Fenstern spiegeln, dann ist es wirklich so, wie die Alten früher gerne sagten: „Hamburg liegt bei Blankenese."
Dass die Vorbereitungen fürs Osterfeuer schon nach Weihnachten beginnen, weiß in Blankenese jedes Kind. Dann werden die Tannenbäume gehortet. Die Verstecke der vier konkurrierenden Parteien gehören

zu den bestgehüteten Geheimnissen am Ort. Osterfeuer bauen ist eine Kunst für sich. Wehe, wenn die hohe Pyramide aus Brettern, Bauholz, Apfelsinenkisten, Gartenabfällen und zundertrockenen Weihnachtsbäumen nicht standfest ist! Doch es kommt nur sehr selten vor, dass das Osterfeuer kippt. Bekrönt wird die Pyramide von einer Lumpengestalt, die an einen Baumstamm oder eine Stange gebunden ist. Und jedes Mal geht ein Aufschrei durch die Menge der Zuschauer, wenn die hoch über den Köpfen schwebende Gestalt zuletzt Feuer fängt, im Sog der Flammen anfängt zu taumeln. Hexenverbrennung? Austreibung des Bösen? Unheimlich ist es. Man hält den Atem an und beruhigt sich damit, dass mit diesem Ritual doch nur dem Winter endgültig Ade gesagt wird.
Nie erscheint den Blankenesern ihr Strand dann wieder so friedlich wie am Morgen danach. In der Asche liegen geschmolzene Glasklumpen von Bier– oder Weinflaschen. In den Vorgärten zwischen Strand und Strandweg wehen an den Bäumen bunt bemalte Ostereier. Die Feuerwehr hat ihre Wagen abgezogen. Dem Osterspaziergang an der Elbe steht nichts mehr im Wege.

Schon die alten Germanen vertrieben mit dem Osterfeuer und der über dem Feuer hängenden Puppe den Winter. Diese uralte Tradition wird in Blankenese jedes Jahr mit vier stattlichen Osterfeuern – am Mühlenberg (im Osten), am Blankeneser Segel-Club (BSC), Knüll und Viereck (im Westen) – gepflegt.

Folgende Doppelseite: Heute sind die Osterfeuer jeden Ostersamstag wieder ein großartiges Schauspiel, bei dem sich die Flammen in der Elbe und in den Fenstern der Häuser am Strand spiegeln.

Ein Refugium für Künstler

Rar macht sich die Blankeneser Prominenz. Es gibt sie, aber man sieht sie selten. Wenn Otto Waalkes tänzelnd sein Geldinstitut an der Blankeneser Bahnhofstraße entert, wird er wohl erkannt, aber nicht gleich um ein Autogramm gebeten. Auch dem Weltmeister des Kalauers begegnet man in Blankenese eher mit vornehmer Zurückhaltung.

Ebenfalls an der Süllbergsterrasse wohnte von 1932 bis 1946 der aus Hamburg zugezogene Schriftsteller und Maler Hans Leip (1893–1983). Er schrieb den Text zu „Lili Marleen", einem Schlager, der in den 1940er- und 1950er-Jahren um die Welt ging. Und er setzte mit seinem Roman „Jan Himp und die kleine Brise", der allerdings in Övelgönne spielt, den verliebten Segelkindern von der Elbe ein zauberhaftes literarisches Denkmal.

In Hamburg viel gelesen und viel geehrt: der Schriftsteller Hans Leip (1893–1983).

An der Süllbergsterrasse turtelte Leip mit der Blankeneser Lotsentochter Elisabeth Flickenschildt (1905–1977), und auf Schinckels Wiese fuhr er mit ihr Schlitten. Das „Kind mit roten Haaren" – so lautet der Titel der Lebenserinnerungen dieser Schauspielerin mit dem herrlich rollenden „R" – wurde zur Theaterlegende in der Rolle der Marthe Schwertlein in Gustaf Gründgens' Inszenierung von Goethes „Faust" am Deutschen Schauspielhaus in Hamburg.

Kein Architekt des 20. Jahrhunderts hat Blankenese – wie im Kapitel „Landvillen und Parks" beschrieben – so bereichert wie der dänische Baumeister Christian Frederik Hansen in der Zeit um 1800.

Max Liebermann (1847–1935) war auch an Alster und Elbe auf Motivsuche. Foto von 1894.

In der bildenden Kunst hat der Ort jedoch erst nach 1900 ähnlich deutliche Spuren hinterlassen. Max Liebermann malte das Herrenhaus im Hirschpark. Die „Brücke"-Künstler Erich Heckel (1883–1970), Ernst

Ein großer Zeichner, ein produktiver Schriftsteller, ein Hamburger Kopf: Horst Janssen (1929–1995).

Eduard Bargheer (1901–1979), „Selbstbildnis". Lithografie von 1965.

Ludwig Kirchner (1880–1938), Max Pechstein (1881–1955) und Karl Schmidt-Rottluff (1884–1976) fanden in Blankenese Motive für ihre Arbeiten. Die jungen Maler aus Dresden, später Berlin, hatten in dem Hamburger Juristen und Kunstliebhaber Gustav Schiefler (1857–1935) ihren ersten und wichtigsten Förderer. Natürlich malten Künstler der Hansestadt vor Ort in Blankenese: Friedrich Ahlers-Hestermann (1883–1973), Willem Grimm (1904–1986), Ivo Hauptmann (1886–1973), Arthur Illies (1870–1953), Alfred Mahlau (1894–1967), Gretchen Wohlwill (1878–1962). Von allen gibt es Blankenese-Bilder.

Der 1995 verstorbene Künstler Horst Janssen, der viele Jahre bis zu seinem Tod am Mühlenberger Weg lebte und arbeitete, war damals vielleicht der berühmteste und berüchtigtste Bürger von Blankenese. „Allein bin ich gut – Zu zweit bin ich eine Katastrophe – Ich kann nicht allein sein." Nach diesem Motto schritt Janssen durch die Welt, die für ihn am liebsten schon jenseits von Blankenese aufhörte. Ein zärtlicher Brutalo, ein kluger Clown und rastloser Zeichner. „Mutwillig geboren, sinnlos glücklich gelebt, um in maßloser Wut zu sterben." Natürlich hat er das formuliert, der mit Wörtern ebenso gut umgehen konnte wie mit Linien. Ein Dreisatz, der auf seinem Blankeneser Grabstein stehen könnte. Wenn es ihn denn gäbe, denn Janssen wurde in Oldenburg zu Grabe getragen. Dort hatte der 1929 in Hamburg geborene Janssen seine Kindheit verbracht. In Hamburg ist er berühmt geworden.

Neben dem Zeichner Horst Janssen ist es aber heute vor allem der Maler Eduard Bargheer (1901–1979), der mit dem „schönen Ufer" in künstlerischen Zusammenhang gebracht wird. Bargheer, der aus Finkenwerder

An der Treppe mit dem treffenden Namen „Rutsch" konnte der Maler Eduard Bargheer ein altes Reetdachhaus erwerben (links). Hier malte er. Durch die Bäume hatte der Künstler einen herrlichen Blick auf die Elbe (oben). Heute wird in dem Haus sein Nachlass aufbewahrt.

Folgende Doppelseite: Eduard Bargheer, „Blankenese". Aquarell von 1956.

Die Villa an der später nach dem Dichter benannten Richard-Dehmel-Straße hat der Hamburger Architekt Walther Baedeker gebaut. Richard Dehmel erhielt sie 1913 als Geschenk von Freunden zu seinem 50. Geburtstag. Der von dem in Hamburg geborenen Architekten Peter Behrens entworfene Schreibtisch des Dichters steht noch immer hier.

stammte, lebte zuletzt in einem alten Fischerhaus am Rutsch, unterhalb des Süllbergs, wo heute sein Nachlass gehütet wird. Der Künstler hat das Treppenviertel, die mit Häusern besetzte Muschel am großen Strom, oft gemalt. Sein leichter kristalliner Stil, seine lichten Aquarellfarben haben italienische Anmut.

Und die musikalische Zunft? Sie war hier weniger zu Hause. Der in Hamburg geborene Johannes Brahms (1833–1897) komponierte am Brandts Weg in Blankenese gerade mal einen Sommer lang, bevor er 1863 nach Wien ging und dort berühmt wurde. Das Werk der Komponistin Felicitas Kukuck (1914–2001) hat am Ort seine Kenner, ist aber auch über Hamburg hinaus schon entdeckt worden.

Wer kennt heute noch Richard Dehmel (1863–1920)? Zu seinen Lebzeiten war der Lyriker berühmt, nach seinem Tode wurde er schnell vergessen. Das Haus des Dichters steht in der Richard-Dehmel-Straße. 1902 ließ er sich mit seiner Frau Ida an dem Ort nieder, von dem er immer geträumt hatte. Der Architekt Walther Baedeker baute eine Villa nach seinen Wünschen, die ihm später von großzügigen Freunden zum 50. Geburtstag geschenkt wurde. In der Villa war Platz genug für die vielen Gäste, die die Dehmels gerne um sich versammelten. Richard Strauss kam zu Besuch, der, genauso wie Arnold Schönberg, Gedichte von Dehmel vertonte. Max Liebermann aus Berlin malte hier 1909 das großartige Porträt des Dichters, das heute in der Hamburger Kunsthalle zu sehen ist. Der häufigste Gast aber war Detlev von Liliencron, Dehmels liebster Freund.

Richard Dehmel (1863–1920) lebte seit 1902 mit seiner Frau Ida in Blankenese. Ida Dehmel (1870–1942) gründete 1926 die GEDOK (Gemeinschaft deutscher und österreichischer Künstlerinnen).

Dieses rühmliche Kapitel Blankeneser Kulturgeschichte ging dann in der Nazizeit traurig zu Ende. Schon 1909 hatte Dehmel nach Gesprächen mit Liebermann einen Essay gegen den Begriff „rassisch gebundener“ Kunst veröffentlicht, um dem jüdischen Maler gegen deutsch-nationalistische Angriffe beizustehen. Dehmel starb 1920. Seine Frau Ida, die jüdischer Herkunft war und als Mitbegründerin der GEDOK (Gemeinschaft deutscher und österreichischer Künstlerinnen) eine wichtige öffentliche Rolle gespielt hatte, beging 1942 Selbstmord. Dehmels Wohnhaus liegt heute eher verborgen am Anfang der nach ihm benannten Straße, die zum Süllberg führt.

Zweifellos ist Blankenese aber ein heimliches Nest für Journalisten und Publizisten. Hier lebte die legendäre Herausgeberin der ZEIT, Marion Gräfin Dönhoff, hierhin zieht sich der ehemalige Chefredakteur des SPIEGEL, Stefan Aust, zurück, wenn er mal nicht unterwegs ist. Und, und, und …

Stille Winkel am Süllberg. Aber – wie hier an der Elbterrasse – man zeigt auch gerne Flagge. In Blankenese deutlich mehr als im Rest von Hamburg.

Eine gelernte Journalistin ist auch die Dichterin Eva-Maria Alves. Sie geht durch Blankenese, als hätte sie am liebsten eine Tarnkappe auf. Sehen und nicht gesehen werden. Alle sehen die Wolken, die vom Meer aufziehen, riechen die Elbe, hören die Schiffe bis weit ins Land hinein. Alves hat dafür sehr eigene Worte: „Grau wälzt sich der Fluss vor die Füße. Ich hefte mein Ohr an die Zungen der kleinsten Wellen. Verführungen lispeln sie mir ein. Hände haben sich wie Schalen unter dem Fluss geformt, gerührt und geknetet wirft er sich in den Sand. Die Straße selbst stürzt sich mit den knisternden Häuschen ins Wasser. Alle Treppen führen hinab, Hecken und Gärten schleppen sie in den Wind, der mit ihnen spielt."

Auch oberhalb des Fähranlegers Op'n Bulln weht die rote Hamburger Fahne.

Folgende Doppelseite:
Wer im Blankeneser Treppenviertel wohnt, genießt Sonnenuntergänge, die die Elbe in kupferrotes Licht tauchen und den Himmel entzünden, als stünde er in Flammen.

Mindestens so schön wie der Blick auf die Elbe ist die alte Magnolie an der Mitteltreppe/Ecke Lesemanns Treppe, die – wie die Fahnenstange – das Dach des alten Hauses überragt.

Chronik

Um 1060 Adalbert von Bremen lässt auf dem Süllberg (Sollonberg) eine Burg errichten. Sie soll die dort gegründete Propstei schützen. Nach wenigen Jahren, um 1066, wird die Anlage von den Hamburgern zerstört. Vermutlich besteht bereits zu dieser Zeit eine Fährverbindung vom Ufer des Süllbergs zur gegenüberliegenden Seite der Elbe. Urkunden belegen, dass es zur Zeit der Hanse (um 1350 bis 1650) einen regen Fährverkehr von Blankenese und Wedel zur Estemündung gibt.

1184 Dockenhuden wird erstmals urkundlich erwähnt.

1258 Auf dem Süllberg, der nunmehr „Sulleberg" heißt, wird erneut eine Burg gebaut. Die Anlage der Grafen Johann und Gerhard von Holstein wird um 1262 von den Hamburgern zerstört.

1301 In einer Urkunde vom 31. Dezember wird zum ersten Mal die Ortschaft Blankenese genannt und von einer Fähre über die Elbe berichtet. Der Name leitet sich vom plattdeutschen Begriff „blanke Ness" ab und bedeutet weiße, sandige Landzunge.

Um 1325 Die Blankeneser Elbfischerei wird erstmals erwähnt.

1350 Hamburger Ratsherren reisen „uppe den Oord tho Blankenese", um dort Gesandte zu treffen.

1464 Blankenese zählt acht Einwohner. Um das Fährhaus, heute Gaststätte „Sagebiels Fährhaus", siedeln sich über die Jahrhunderte am Hang Fischer, Seeleute, Kapitäne und Lotsen an. Dieses Wohngebiet nennt sich „Treppenviertel".

Ab 1480 Bis zu diesem Zeitpunkt werden mit der Blankeneser Fähre in erster Linie Personen und Güter zum anderen Ufer übergesetzt. Mit dem beginnenden

Die Blankenese-Chronik wurde vom Verlag aus diversen Quellen zusammengestellt. Sie erhebt keinesfalls den Anspruch auf Vollständigkeit.

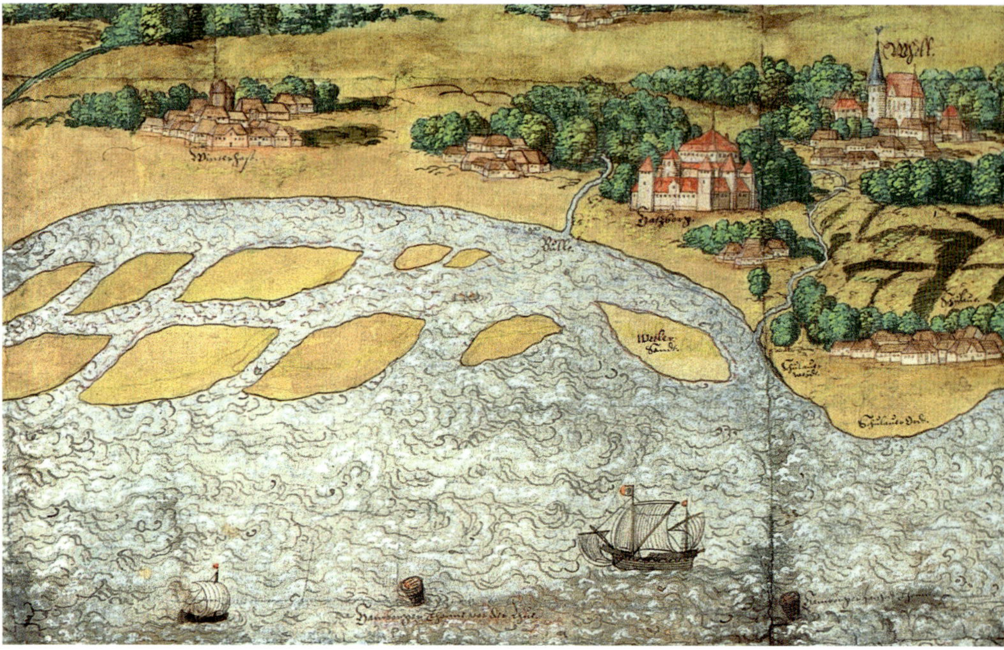

Die über zwölf Meter lange Elbkarte des Flensburger Malers Melchior Lorichs aus dem Jahr 1568 zeigt den Abschnitt vom Amt Bergedorf bis Neuwerk. Auf diesem Ausschnitt ist auf einer vorspringenden Landzunge der „Blanckeneßer Oordt“ vermerkt.

Niedergang der Hanse transportierten die Blankeneser und Wedeler Fähren ab 1500 vor allem Ochsen vom großen Viehmarkt unter dem Roland in Wedel über den „Ossenpad“ nach Holland. Im Jahr 1497 wird von einem Transport von 8000 Tieren berichtet, der sich binnen vier Wochen vollzieht. Die Blütezeit liegt um 1600. Bereits 1554 besitzt Blankenese vier speziell für den Ochsentransport gebaute Prahme. Infolge des Dreißigjährigen Kriegs (1618–1648) gehen die Überführungen stark zurück.

1535 Hamburg macht den Blankeneser Fischern ihr Fanggebiet zwischen Nienstedten und Finkenwerder streitig.

1557 Hamburg und Blankenese einigen sich, dass der zwischen Blankenese und Dockenhuden gelegene

weiße Sandberg, der sogenannte Schwalkenberg (jetzt Baurs Park), die Grenzlinie zwischen den Fanggebieten der Blankeneser und Hamburger Fischer sein soll. Trotzdem kommt es immer wieder zu Auseinandersetzungen, und die Hamburger reglementieren die Blankeneser.

1568 Die über zwölf Meter lange Elbkarte von Melchior Lorichs ist vollendet. Auf einer vorspringenden Landzunge ist der „Blanckeneßer Oordt" vermerkt.

1640 Nach dem Tod des letzten Schauenburger Grafen kommt Schleswig-Holstein – und damit auch Blankenese – unter die Verwaltung Dänemarks. Der dänische König stärkt den Blankeneser Seeleuten den Rücken. Blankenese hat nun schon um die 200 Einwohner, davon fast die Hälfte mit dem Namen Breckwoldt.

Johan Cesar IV Godeffroy beauftragte Christian Frederik Hansen 1789 mit dem Bau seines Landhauses (Elbchaussee 499, heute Lola-Rogge-Schule). Auf Hansens Entwurfszeichnung hat das Vorbild Italien sichtbare Spuren hinterlassen: Im Hintergrund erhebt sich ein Berg, der in der Wirklichkeit gar nicht existiert, sondern das Landhaus an der Elbe in eine erträumte arkadische Landschaft versetzt.

1670 Während Hamburg 30 und Altona 18 Schiffe gehören, besitzt Blankenese 45 Ewer.

1710 Beginn der Blankeneser Hochseefischerei. Neben den kleinen Ewern von 18 Fuß Länge werden jetzt auch die doppelt so langen Bünn-Ewer eingesetzt. Die Anzahl der Schiffe steigt rapide an. Im Jahr 1750 gibt es etwa 70 Ewer, 1787 circa 140 und 1806 um 170 Schiffe.

1719 101 Häuser stehen in Blankenese. Die Einwohnerzahl des Ortes hat sich auf 700 erhöht.

1745 Gründung der Övelgönner und Neumühlener Lotsen-Bruderschaft. Diese nimmt auch Blankeneser Lotsen auf, denen das Recht, auf der Elbe zu lotsen, bislang von den Hamburgern und Helgoländern streitig gemacht wurde.

1760 Beginn der Frachtschifffahrt in die Nord- und Ostsee.

1789 beauftragt der Hamburger Kaufmann Johan Cesar IV Godeffroy den dänischen Baumeister Christian Frederik Hansen (1756–1845) mit dem Bau eines Herrenhauses oberhalb der Straße Mühlenberg im heutigen Hirschpark.

Der in Eutin als Hofmaler tätige Ludwig Philipp Strack (1761–1836) hat 1811 eine Gemäldefolge angefertigt, die Baurs Park in fünf Sommerbildern von verschiedenen Standpunkten aus zeigt. Hier das erste Gemälde, „Blick von Baurs Park nach Hamburg". Auf der Ulrichshöhe steht ein Paar an ein Geländer gelehnt. In der männlichen Figur kann man Georg Friedrich Baur, den Auftraggeber von Park und Bild, vermuten.

Um 1790 Für den Hamburger Kaufmann Peter Godeffroy errichtet Christian Frederik Hansen das „Weiße Haus" an der Elbchaussee 547.

1795 Blankenese mit Mühlenberg hat jetzt 1500 Einwohner.

1798 Die Blankeneser Elblotsen organisieren sich in einer eigenen Bruderschaft.

1802 Der Kaufmann und Konferenzrat Georg Friedrich Baur erwirbt das Gelände des späteren Baurs Park, der bis 1817 von Joseph Jacques Ramée im englischen Stil angelegt wird.

1806 Durch Kriegswirren und politische Zwänge („Franzosenzeit") erleiden die Blankeneser Seeleute erhebliche Einbußen. In der Zeit der Kontinentalsperre (1806–1814) wird die Blankeneser Flagge, die einen Ewer zeigt, zusätzlich mit einem Wimpel gesetzt – als Zeichen dafür, dass man nicht unter napoleonischer Herrschaft war. Zwar zählt man in Blankenese jetzt 172 Fischewer, doch diese werden nun – neben 14 kleinen Frachtewern – verstärkt für die Frachtschifffahrt eingesetzt.

1807 Erstmals Gründung einer Versicherungseinrichtung, der „Blankeneser Fischerkasse".

1814 Am 15. Juni wütet ein Großfeuer in Blankenese und vernichtet 50 Häuser.
Ab 1815 Blankenese baut eine Handelsflotte auf, die 1842 mit 243 seetüchtigen Schiffen 31 mehr besitzt als die Hamburger Schifffahrt.
1816 Der erste Dampfer, die aus Eisen erbaute englische „Lady of the Lake", passiert die Küste Blankeneses.
1826 Brand des Fährhauses. Elf weitere Häuser werden völlig zerstört. Am Mühlenberger Weg errichtet der Architekt Johann Matthias Hansen für den Altonaer Kaufmann Georg Friedrich Baur ein klassizistisches Wohnhaus, das 1833 fertiggestellt ist.
1830 Aus der Frachtschifffahrt entwickeln sich die Fruchtfahrten nach Sizilien. Die Ladung: Apfelsinen. An dem durchschnittlichen Blankeneser Jahrestransport von 100 000 Kisten sind etwa 40 Schiffe beteiligt.
1835 Neben den 124 Frachtewern besitzt Blankenese bereits mehrere Schoner für die vielen weiteren Fruchtfahrten.
1837 Peter Georg Carl Hansen kauft den Süllberg und errichtet auf dessen Spitze einen Turm, neben dem er eine Milchwirtschaft eröffnet. Blankenese zählt um 2100 Einwohner.
1848 Die Einwohnerzahl ist inzwischen auf rund 2800 angestiegen. Die Blankeneser Handelsflotte steuert einem neuen Höhepunkt entgegen. Die Schoner werden immer größer, seetüchtiger und verstärkt auch für Ozeanfahrten eingesetzt. Als erster Kapitän umfährt Hein Kröger mit seiner Schonerbrigg „Maria" das Kap Hoorn. Beginn eines regelmäßigen Dampferverkehrs zwischen Hamburg, Blankenese, Cranz, Estebrügge und Buxtehude.

1850 Am Kiekeberg wird ein von Dänemark verwaltetes Postamt eröffnet.
1853 Die Blankeneser Flotte zählt etwa 1500 Mann Besatzung. Fast jeder männliche Bewohner des Ortes zwischen 15 und 60 Jahren ist Seemann oder Fischer.
1864 Am Ende der dänischen Herrschaft besitzt Blankenese 154 Frachtschiffe mit einer Gesamttonnage von rund 14 200 Registertonnen. Die Kapitäne segeln rund um Kap Hoorn oder auch nach Brasilien. Im Jahr 1866 liegen an einem Tag 42 Blankeneser Schiffe im Hafen von Rio de Janeiro.
1867 Blankenese wird preußisch. Eröffnung der Eisenbahnlinie Altona–Blankenese.
1870/71 Deutsch-Französischer Krieg. Die französische Flotte blockiert die Elbe, sieben Blankeneser Schiffe werden gekapert, die Besatzungen gefangen genommen.
1872 Der Blankeneser Fährverkehr über die Elbe muss nach dem Bau der Elbbrücken umgestellt werden. Nur die Personenfähre nach Cranz besteht heute noch.
1876 Höhepunkt in der Entwicklung der Blankeneser Handelsflotte, zu der 112 Schiffe mit 20 000 Registertonnen zählen. Obwohl die Zahl der Schiffe zurückgegangen ist, wird in diesem Jahr die größte Kapazität in Registertonnen erreicht.
1880 Ende des 19. Jahrhunderts nähert sich die große Zeit der Blankeneser Schifffahrt ihrem Ende. Während 1877 noch 49 Reeder mit 100 Schiffen registriert waren, sind es 1880 nur noch neun Reeder. Hauptgrund des Niedergangs: Ablehnung neuer Techniken und Entwicklungen – vom kleinen zum großen Segler, vom Holz- zum Eisenschiff, vom Segler zum Dampfer. Schiffe mit Stahlrumpf und die Dampfschifffahrt

setzen sich durch. Fortan werden alle Schiffe in Hamburg registriert.

1883 Die Eisenbahnstrecke Blankenese–Wedel wird eröffnet, die ab 1954 als durchgehende S-Bahn-Trasse genutzt wird.

1884 Der Kapitän Matthias Struve gründet die erste und einzige Blankeneser Dampfschifffahrt. Aufgrund unglücklicher Ereignisse wird seine Reederei 1902 wieder aufgelöst.

1890 Die Blankeneser Einwohnerzahl ist auf etwa 4100 angestiegen. Der Ort bekommt ein eigenes preußisches Postamt.

1895 Bau der Blankeneser Kirche bis 1896. Der Ort wird selbstständige Kirchengemeinde. Vorher mussten die Blankeneser zur Nienstedtener Kirche in den Gottesdienst gehen und wurden auf dem Nienstedtener Friedhof begraben.

1898 Der Blankeneser Segel-Club (BSC) wird gegründet.

1899 Die erste elektrische Straßenbahn fährt von Altona bis zur Endstation Mühlenberger Weg (bis 1921).

1902 Das Behrmann'sche „Strandhotel" wird im schönsten Jugendstil errichtet.

1919 Blankenese, Mühlenberg und Dockenhuden werden vereint.

um 1919 Ende der Blankeneser Schifffahrt.

1927 Trotz heftiger Proteste kommt es am 1. Juli zur Eingemeindung Blankeneses nach Altona.

1928 Der letzte Kutter eines Blankeneser Fischers wird verkauft.

1937 Das Groß-Hamburg-Gesetz tritt in Kraft: Seit 1. April gehört Blankenese ebenso wie die anderen Elbvororte zu Hamburg.

1940 Im Herbst wird die Blankeneser S-Bahn-Brücke über der Hasenhöhe von Bomben zerstört.
1943 Das alte Postamt in der Bahnhofstraße wird von einer Luftmine getroffen.
1948 Beginn des Blankeneser Wochenmarkts.
1961 Der Mühlenberger Segel-Club (MSC) wird gegründet. 2013 hat er mit circa 250 jugendlichen Mitgliedern die größte Jugendabteilung aller deutschen Segelclubs.
1962 Die schwere Flutkatastrophe im Februar verursacht beträchtliche Verwüstungen. Das Freibad Marienhöhe wird eröffnet. Bau der Jollenhäfen am Mühlenberg und unterhalb von Baurs Park.
1976 Durch eine „Jahrhundertflut" entstehen erhebliche Schäden am Strandweg.
1980 Schwere Sturmflut in Blankenese und Hamburg. Das Haus Michaelsen, erbaut in den 1920er-Jahren vom Architekten Karl Schneider, wird abbruchreif der Freien und Hansestadt Hamburg vom letzten Vorbesitzer Axel Springer mit der Auflage geschenkt, das Anwesen mit seinem 55 000 Quadratmeter großen Grundstück, dem Sven-Simon-Park, der Öffentlichkeit zugänglich zu machen.
1984 Blankenese erhält zwei Richtfeuer: ein Oberfeuer in Baurs Park am Kanonenberg sowie ein Unterfeuer am Strandweg.
1986 Im Mai Eröffnung von Elke Dröschers Galerie für moderne Kunst und Puppenmuseum im Landhaus Michaelsen, Sven-Simon-Park.
1988 Der Mühlenteich am Mühlenberg soll zugeschüttet werden. Nach heftigen Protesten wird der Plan aufgegeben.
1999 Am 12. Mai kommt es zum ersten Spatenstich für

den neuen Süllberg. Die Heimatseite www.krumdal.de wird erstmals ins Internet hochgeladen.

2001 Zwischen 29. Juni und 8. Juli feiert das Dorf Blankenese seine 700-Jahr-Feier. Das Mühlenberger Loch wird zu einem Fünftel zugeschüttet, um Platz für den Bau der Airbus-Werke zu machen. Eine zuerst noch als Ausgleich versprochene Süderelbe-Wiederöffnung ist leider bis heute nicht eingelöst worden.

2002 Im September eröffnet am Süllberg unter der Leitung von Karlheinz Hauser ein Hotel- und Gaststättenbetrieb.

2003 Im Mai lösen sich die „Cap Horniers", der Freundschaftsbund der Kap-Hoorn-Umsegler, auf. Deren Kapitäne, die sich „Albatrosse" nannten, waren schon alle gestorben. Eine aufgeregte Diskussion um den Umbau des Bahnhofsplatzes, der nun „Erik-Blumenfeld-Platz" heißen soll, beginnt. Ende 2003 beträgt die Einwohnerschaft Blankeneses 13 400.

2004 Die drei Überbleibsel der vergangenen Blankeneser Villenzeit in Besitz der Freien und Hansestadt Hamburg (Goßlerhaus, Hessehaus und Katharinenhof) werden verkauft.

2006 Die beliebte Gaststätte „Schifferhaus" am Strandweg wird für immer geschlossen und abgerissen.

2007 Die Renovierung des Strandwegs, um die man lange gestritten hatte, ist abgeschlossen. Der „Blankeneser Heimatclub" BHC wird gegründet. Das Ortsamt Blankenese wird aufgelöst.

2008 Aus dem ehemaligen Finanzamt von 1940 am Hessepark wird am 31. August die evangelische Bugenhagenschule.

2009 Am 14. Juli wird das bisherige Gymnasium Willhöden in „Marion-Dönhoff-Gymnasium" umbenannt.

Im Herbst 2009 wurde der hintere Strand vom Unterfeuer am Strandweg bis zum Römischen Garten am Falkensteiner Ufer aufgespült. Im Hintergrund das Heck des Wracks des Binnenmotorschiffs „Uwe“, das am 19. Dezember 1975 sofort sank, nachdem es mit der „Wiedau“ zusammengestoßen war.

Im Herbst wird der hintere Strand vom Unterfeuer am Strandweg bis zum Römischen Garten am Falkensteiner Ufer aufgespült.

2010 Im Mai wird die alte Feuerwache an der Blankeneser Landstraße wieder eröffnet. Die Einwohnerzahl Blankeneses beträgt laut Statistikamt Nord im Jahr 2010 insgesamt 13 303.

2011 Im Rahmen der Speicherbecken-Öffnung (Wasserwerk-Ostseite) zur Elbe wird auch ein kleiner Park vor dem alten Maschinenhaus des Wasserwerks namens Elbpark angelegt. Blankeneses Bevölkerung wird mit 12 807 Köpfen gezählt. Auf den 8,3 Quadratkilometern des Ortes stehen inzwischen 3361 Wohngebäude mit 7028 Wohnungen, 86 Ärzte haben sich hier niedergelassen, und 110 Handwerksbetriebe sind registriert.

2012 75 Jahre Zugehörigkeit Blankeneses zu Hamburg.

Landstraße
Kösterbergstraße
Richard-Dehmel-Straße
Blankeneser Landstraße
Karstenstraße
Schinckels Park
Oesterleystraße
Waseberg
Bismarckstein
Römischer
Garten
Falkentaler Weg
Wilmans Park
Bismarckstein
Waseberg
Am Eiland
Krumdals Weg
Falkensteiner Ufer
Süllbergsterrasse
Süllberg
Blankeneser Hauptstraße
Süllbergsterrasse
Strandweg
Elbterrasse
Unterfeuer
Blankenese
Anleger
Op'n Bulln
N
Elbe

Goßlers Park
Sülldorfer Kirchenweg
Witts Park
Blankenese
Goßlers Park
Witts Allee
Hasenhöhe
Simrockstraße
Frahmstraße
Schenefelder Landstraße
Dockenhudener Straße
Blankeneser Bahnhofstraße
Ole Hoop
Elbchaussee
lessepark
Blankeneser Bahnhofstraße
Mühlenberg
Elbchaussee
Am Kiekeberg
straße
Mühlenberger Weg
Mühlenberg
Treppenviertel
Baurs Park
Baurs Park
Hirschpark
Kanonenberg
Jollenhafen
Blankenese
Elbuferweg
Jollenhafen
Mühlenberg

Bibliografische Information der Deutschen Nationalbibliothek
Die Deutsche Nationalbibliothek verzeichnet diese Publikation in der Deutschen Nationalbibliografie; detaillierte bibliografische Daten sind im Internet über http://dnb.d-nb.de abrufbar.

ISBN 978-3-8319-0508-9

Redaktion: Annette Krüger und Katharina Unteutsch, Hamburg
Gestaltung: BrücknerAping Büro für Gestaltung GbR, Bremen
Lithografie: Griebel-Repro, Hamburg
Kartografie: THAMM Publishing & Service, Bosau (Daten aus OSM, Lizenz: ODbL)
Gesamtherstellung: CPI books GmbH, Leck

Bildnachweis
Alle Fotos von Urs Kluyver, Hamburg, bis auf: akg, Berlin: 135 u., 136 o.; Altonaer Museum, Hamburg: 151; Eduard Bargheer Nachlass, Hamburg: 136 u., 137 u., 138/139; Oliver Breitfeld, Hamburg: 107 u.; Denkmalschutzamt, Hamburg: 92 u., 97; Elke Dröscher, Hamburg: 111 u.; Archiv Ellert & Richter Verlag, Hamburg: 21 o. + u., 43, 49 o., 59, 71, 76 o. + u., 95, 113 o., 114 u., 118 o., 150; Hermann Gérard, Hamburg: 131, 144/145; Archiv Klaus Grossner, Hamburg: 140, 141; Manfred W. Jürgens, Hamburg: 128; Sammlung Kossak, Hamburg: 101 o.; Archiv Thomas G. Müller, Hamburg: Titel u. l., Titel o. r., 30 o. + u., 31 o. + u., 32 u., 32/33 o., 33 u., 37 m., 38 o. + u., 39, 42 o. + u., 47, 49 u., 50/51, 58 o. + u., 63, 64, 67 o. + u., 68 o. + u., 70, 72, 74, 80 o. + u., 81, 88, 90/91, 92 o., 93, 113 u., 116, 118 m. + u., 120 o., 125, 129; Staatsarchiv, Hamburg: 14, 48 o., 135 o., 148/149

Der Verlag dankt den Herren Harring Arndt, Friedrich Hülsen und Professor Dr. Jürgen Weber für das Überprüfen der Texte und Bildlegenden sowie für die Anregungen bei der Arbeit an diesem Buch.

Weiterführende Literatur
Blankenese. Fotografiert von Wolfgang Kunz, mit einem Text von Sibylle Zehle, Hamburg 1988.
Das Blankeneser ABC. Herausgeber: Klaus Schümann, Hamburg 2000.
Grützner, Winfried: Blankenese. „Ein wahres Paradies von Weltruf", Herford 1994.
Holst, Maike und Ronald: Stille Häuser. Stürmische Geschichten, Hamburg o. J.
Schmersahl, Katrin: Hamburger Elbblicke. Die Geschichte der Parks, Landhäuser und Familien entlang der Elbchaussee, Hamburg 2012.
Schmersahl, Katrin und Weber, Jürgen: Spaziergänge am Elbufer und durch die Parks, Hamburg 2012.

www.ellert-richter.de